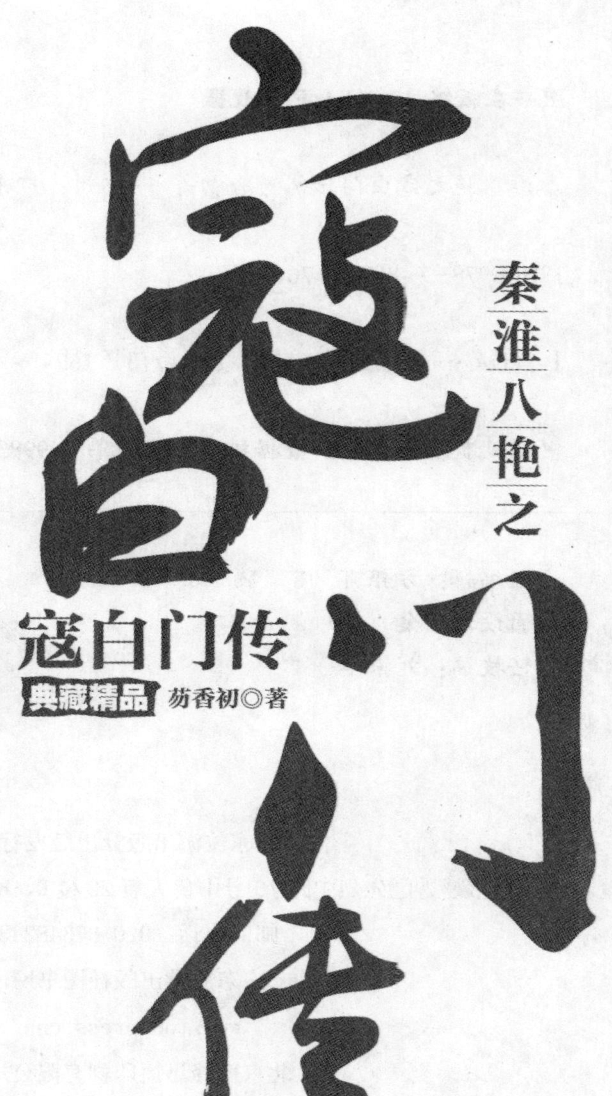

秦淮八艳之

寇白门传

典藏精品

茒香初◎著

图书在版编目（CIP）数据

秦淮八艳之寇白门传 / 芴香初著 .—广州：广东旅游出版社，2014.1

ISBN 978-7-80766-761-2

Ⅰ.①秦… Ⅱ.①芴… Ⅲ.①寇白门（1624 ~ ）—传记 Ⅳ.① K828.5

中国版本图书馆 CIP 数据核字 (2013) 第 299983 号

责任编辑：方银萍 雷 腾
封面设计：金 刚
责任技编：刘振华

广东旅游出版社出版发行
（广州市越秀区先烈中路 76 号中侨大厦 22 楼 D、E 单元　　邮编：510075）
邮购电话：020-87348243
广东旅游出版社图书网
www.tourpress.cn
北京毅峰迅捷印刷有限公司
（通州区潞城镇南刘各庄村村委会南 800 米）
710 毫米 ×1000 毫米　16 开　14 印张　214 千字
2014 年 1 月第 1 版第 1 次印刷
定价：29.80 元

目录
CONTENTS

第一章　白云抱幽石，绿筱媚青涟

第一节　所谓伊人，在水之湄 /003

第二节　静言思之，不能奋飞 /007

第三节　莺歌百啭，剑舞幽兰 /011

第四节　英雄气短，红粉仗义 /015

第二章　戎马关山北，凭轩涕泗流

第一节　朱公初次访，音流倚月楼 /023

第二节　激愤出真言，屏后暗听闻 /028

第三节　辗转又反侧，思君不见君 /032

第四节　美人徒思念，遇君不敢言 /036

第三章　合把芳名齐葛嫩，一为生节一为生

第一节　金帖为求亲，伊人心少年 /043

第二节　君手执我手，白马笑追风 /046

第三节　明月照鸣蝉，我心无人见 /051

第四节　八抬大轿，一城星辉 /055

第四章　今日只因勾践死，难将红粉结同心

第一节　彼时金银梦，今日枯枝心 /060

第二节　大火焚京城，南都是金陵 /064

第三节　姬妾成群 /069

第四节　保国公深陷囹圄 /073

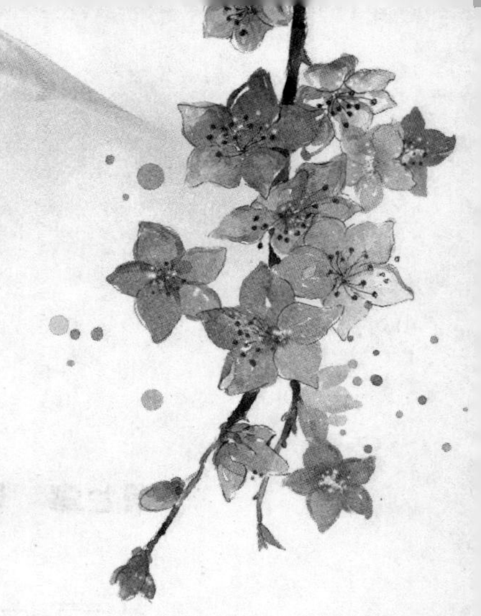

第五章　朱公转徙致千金，一舸西施计自施

第一节　云自无心风自忙 /079
第二节　朱公怒摔琵琶 /083
第三节　白银难倒英雄汉 /087
第四节　俎樽折冲 /092

第六章　丛残红粉念君恩，女侠谁识寇白门

第一节　匹马短衣，重返秦淮畔 /097
第二节　一路新制，国破家亡 /100
第三节　万两黄金亦难寻 /103
第四节　姐妹情深 /106
第五节　投以木瓜，报之以李 /109

第七章　旧人犹有白门在，灯下相逢欲断肠

第一节　一世情缘若飞雪 /115

第二节　名动秦淮河 /119

第三节　秦淮河畔再遇韩生 /121

第四节　倚月楼之梦 /124

第八章　岁晚客多病，风露冷貂裘

第一节　多铎 /129

第二节　韩生的阴谋 /132

第三节　初心难拾，丹心不变 /135

第四节　中秋之夜 /140

第九章　今日秦淮恐相值，防他红泪一沾衣

第一节　彩月轩的痛彻心扉 /145
第二节　为韩生剃发 /150
第三节　枝头抱香，红豆飘零 /154
第四节　美人未迟暮 /158

第十章　黄土盖棺心未死，香丸一缕是芳魂

第一节　再嫁扬州孝廉 /165
第二节　失意的人生 /169
第三节　浮云蔽白日 /173
第四节　肠转千回，怒答婢女 /177
第五节　香消玉殒 /181

第十一章 番外篇

第一节 韩生——斜倚云端千壶掩寂寞，纵使他人空笑我 /187
第二节 朱国弼——山有木兮木有枝 /192
第三节 宋子谦——我自是年少，韶华倾负 /196

附录一 关于寇白门的诗词赏析 /201

附录二 寇白门大事纪年表 /213

第一章

白云抱幽石，绿筱媚青涟

龙香吹袖白藤鞭。帽檐冲柳烟。一春几度画桥边。东风听管弦。
花活计，酒因缘。从人嘲少年。真须吟就绿杨篇。湾头寄小怜。

第一节　所谓伊人 在水之湄

金陵女子多如烟柳，而我，是从一场罕见的大雪中降临这座城。

我出生的那一年，是明天启四年，若是以公元纪年法便是公元 1624 年。

少不更事的我总是试图想象自己出生时的情景。隆冬腊月，冬季的寒冷混杂在南方特有的湿气里无法驱散，直沁入骨子里去。漫天飘落的大雪倏地落下，院落里的枯枝显现出异乎寻常的萧索。风里夹杂着彻骨的凄寒，吹得院落里的枯枝吱呀作响。然而此时的母亲，心情却是欢喜的。她正倚在门扉一侧，静静地望着院落里簌簌落下的纯白雪花。雪在江南是那样罕见，多年的一场白雪，竟成了这冬日里极美的景致，纵然寒冷，纵然身怀六甲，母亲也还是常常站在门口去看那白色的精灵从天而降。而我出生的那一天，正是那一年里雪下得最大的一次，母亲常说，我就如同那美丽的雪花般，毫无预兆就降临了人世，那是老天给她的最美的惊喜。

我早产了整整一个月，想必注定属于这多雪的一年。

自打记事起，我便没有见过大雪。所能见的，总是飘忽而下的小雪，落到地上便化作水。我总在那翩翩而下的小雪里打转，想凭着衣袖接住一两朵雪花来瞧瞧，然而每次望去总是杳无踪影，徒留一片湿冷在覆着湘绣的衣袖上。

我就这样来到了这个世界。

就在我出生的那一天，江南下了有史以来最大的一场雪，可是我的脑海里却没有丝毫关于那场雪的记忆。就如同一个绝世美人与你擦肩而过，而你抬头时，却只有一抹背影消失在视野，或许那便是你今生所能看见的最美的女子，听着旁人谈论着她的绝世风华，而你，却不曾看清她。也许这个比

喻并不合适，可是我无法找出更形象的比喻来形容我对于那场雪的遗憾。

然而我对姐姐谈起这件事，告诉她我甚至找不到合适的词语来描述那种近似遗憾的感受时，她却嗤笑着说：“湄儿，怎么这样小的事情，你也放在心上？不过，那确实是江南最大的一场雪，我还记得那一整年，整个世界都染了白妆，真真是极美的……”

看着姐姐陶醉的样子，我并没有回话，只是对姐姐轻轻一笑。

既然无人怜我，我只好以沉默相对。

姐姐长我三岁，名唤寇泗，刚刚九岁便已经长发及腰。她的头发甚是好看，乌黑又柔软。寇家大宅内年幼的女子并不盘发，只是用一根发带将长发绾起。姐姐总是选择那种很正的大红色。那艳如胭脂色的发带里，是姐姐如泓流般的青丝，我总是忍不住想抚摸她的发梢。那发梢从指尖滑开，我便可感受到凉丝丝的快感。姐姐自幼时，便可看出长成后的美。

而我，名唤寇湄。一泗一湄，皆是与水有关的名字。

姐姐告诉我，我们的名字是有典故的，是母亲从《诗经》里得来的灵感。那时的我还没有读过《诗经》，只听说那是一本集大成的书。

所谓伊人，在水之湄。

本来是美极了的名字，可是不知为何，我心里总觉得这个名字并不适合我。

寇家很大，大得如果我一个人胡乱逛上一个下午就会找不到回去的路。青石铺就的石板路，总是曲曲折折，年幼的我根本分不清它通向何处。那时我并没有贴身的侍女，终日跟在姐姐身边。就连住处也在姐姐的院落里。

姐姐的院落唤作启祥园，算不上宽敞，但容纳下我们姐妹二人丝毫不显促狭。那启祥园里临窗种着一排高大的柳树，春日里柳枝摇曳。并没有红花相衬，可单单那柳枝，已是万般好看。怪不得总有人称之为烟柳，微风拂过，那柳枝就好似化作一缕袅袅轻烟。

姐姐房间的窗则是在那棵最大的柳树后。屋内一水儿的淡紫色，终日熏沉香。红木制的梳妆台台角用精细的雕工绘着不知名的鸟。临近床铺的地上铺着羊毛制的毯子，走在上面完全感觉不到地底的寒气。每次走进她房间，一缕沉香诱人心神，总让人舍不得离开。而我则住在与她相邻的房间。那大概只是院里的客房，普通得不能再普通的陈设，完全无法同姐姐的房间相比。所幸，用得着的家具倒是不缺一样——宽大的书案，用餐的圆桌，不很大却崭新的衣橱，仍然散发着红木本身气味的书架。

因为年纪尚小，我还没有自己的侍女。姐姐的侍女长我七岁，唤作香儿，算是同时服侍着我们二人。姐姐白日里要学艺，我便好言好语地哄着香儿带着我四处去逛。香儿的脾气是极好的，总会带我到不同的院子里去。不同的院子，所植花草也各有不同。寇家花草繁多，香儿总是耐心地告诉我它们的名字，我也只是听听，并不往心里记。她知我心不在花草之上，却还是乐此不疲地给我讲那些花的花期长短、香味特点。

其实，我只是不愿终日困于一隅之内，总要四处走走才不觉得遗憾。年幼的时候，寇家在我眼里已经大得像是整个世界。

然而，我与母亲见面的机会越来越少。模糊的记忆中，只有奶娘带着我的时候母亲会常来看看我。等我长大一些了，母亲便将我安排进了姐姐住的院子中，此后就再也没来看过我。每次见她，都是我跑去她的院子里。然而她总是笑着说我不乖，说姑娘家总这样乱跑不成体统。每次我都被她说得很委屈，我去看自己的娘，怎么能算乱跑？

我娘似乎并没有如寻常家母亲那样疼爱我，然而我却总是想念她。

再后来，我便总是趁着姐姐学艺的时候让香儿带着我去母亲的院子旁玩耍。我在她园子外面偷偷望她。以往在人前，她总是珠光宝气、满脸笑容。可此时此刻的她，一个人倚在门边，满脸落寂。我远远望着她，眼中满是不解，直到我那一次我情不自禁地走进她园子里去。

“湄儿，你怎地跑到这里来了？” 她见我走了进去，脸上瞬间挂上了迎人的笑。

突如其来的心酸袭来。可我却不知道自己是为何事而心酸。我紧紧抱住母亲，不肯回答她的话。就连忧虑的心事也无法与自己最亲近的人说。幼

小的我开始明白，那些人前的笑脸有可能背后藏着极苦的辛酸。

一个人笑，不代表她就真的欢喜。

我只抱了母亲一小会儿，她便遣香儿将我送回去。临走还嘱咐我，可以去多看看姐姐学艺，到了学艺的年龄也可以轻松些。我嘴里满口答应着“是，是，是”，心里却在埋怨她不让我在她园子里多待就要赶我走。

那段日子，实在乏善可陈。整日在园内摆弄些花花草草，无趣得很。小孩子如何能够耐得住那般寂寞。便还是喜欢去寻母亲。我已经学会了偷偷站在那里看她，并不上前去与她说话。年少时，我便明白，相见争如不见，有情何似无情。

母亲应当是我所见过的最美丽的女子。白皙皮肤里永远透着桃花花瓣一样的淡粉色，双眉之间总好像有一点忧愁，然而她的眼却总是含着笑意。发髻永远梳得一丝不苟，上面总是坠着珠光宝气的簪子。印象里，母亲最喜欢一只上面有金色凤凰的簪子。那凤凰很大，长长的尾巴骄傲地上扬着，向满座上宾炫耀着自己的奢华。那凤凰并没有眼。若是有，眼里也一定是闪着骄傲的光，不可一世。那凤凰攀附在母亲的发髻之上，让母亲霎时间也变成一只金光裹身的凤凰。然而，她落寞的时候，那凤凰似乎也有了黄莺唱尽百曲之后的凄凉和疲惫。

年幼的我，总是迷恋于母亲的钗头之凤，却未曾想到日后的自己也会如那凤凰一般金光闪闪。

第二节　静言思之，不能奋飞

直到懂事时，我才明白自己的身份。

寇家，江南有名的世娼之家。所谓世娼之家，即是生来便为娼妓。命运身份，于出生之前就已经注定好。然而，这最最可悲之事，全家上下却无一人将此事告诉我。一切的一切，都要靠自己明白。也许，是他们不忍。也许，这事情本来就是自己理解才最为妥当。

胭脂水粉香腻满园，绫罗绸缎飘忽满眼。早慧的我早就该在一点一滴中渐渐明白。

但我却不是在一个很长很长的过程中渐渐猜出寇家的行当。

明白那些事，只是在一瞬间。

知晓自己的命运，不过是在一瞬间。

在那一瞬间，幼小心灵里留存的所有蛛丝马迹，一一拼合了起来。姐姐们面上浓厚的胭脂，飘散在寇家闺房中不曾散去的胭脂香，她们走在达官贵人旁好看却不乏敷衍的笑，夜半无人在烛光下卸妆时落寞的眼神——所有的一切拼凑在一起，我才恍然明白，原来自己已经注定是一名青楼女子。

此生往后无数日，都付卖笑里。

明白这一切的那个夜晚，我彻夜难眠。

这一夜的月光，特别亮。近乎惨白的月光透过窗棂，在房内的圆桌上映出清晰的影子来。夜晚有风，那风吹得窗外的柳枝轻轻拂动。月光穿过柳枝，那圆桌上的影子也跟着轻轻摇曳起来，显现出一种别有韵致的美感。我并没有拉下床帐，只是侧身卧在床上，默默地看着那轮影子。此时此刻，我毫无睡意，怔怔地出神，日后的我，也就如同那随风拂动的烟柳一般吧。在

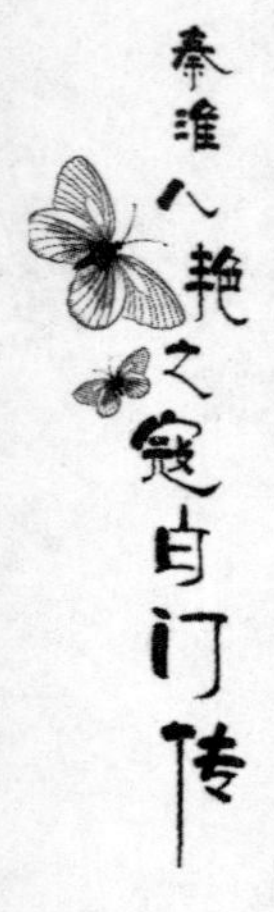

这之前，我未曾憧憬过未来。只是尚未将自己想象中的美好未来构建好，就已经看见命运的残忍。我突然无法理解这一切，我并没有做错任何事，为何要如此惩罚我?

非己身堕落，却也只得于青楼之内卖笑。

我不甘心。

我虽年幼，却也明白凡事必有因。比如被罚不能用晚饭，是因为打碎了母亲房里的古董花瓶。又比如遭了表姐的冷眼，是因为那天脱口说出她的眉毛实在有些淡。然而我成为一名风尘女，却不是因为我做错了任何事。只是因为我出生在这个世上，我便注定此生要在这世上卖笑。

辗转反侧，亦是无眠。我怎能甘心!

然而，这份不甘心，我却并没有向任何人说起。那个辗转无眠的夜晚，我多想在惨白的月光之下跑到母亲的房里，钻到她床上，钻进她红绸镶边的被子里抱着她哭。我多想扯着她的袖子，问问她这一切究竟为何。可我终究是哪里也没有去，只是安安静静地躺在自己的床上，静静地看着月光之下的影子。我突然明白了母亲独处时的落寞时因何而生，也明白了母亲对我日渐的疏远。母亲无法救我，然而可救我者谁人，我并不可得知。年纪尚幼的我忽然觉得有一点点可怕。我十分清醒地明白母亲也是无力搭救我的。我竟然安安静静地选择独自咀嚼独自接受这一切。

凭借一己之力知晓了自己命运的这一年，我六岁，初懵世事的年纪!

也是在这一年，母亲让我与几个表亲的姑娘一起和先生学识字。听到这个消息时，我极为欣喜，总归可以摆脱那个小院子了，而且，我隐隐明白，只有识了字，才有可能让自己的命运有些许不同。自那以后，香儿每天都会早早地把我送去一个名为书香阁的院子里，然后下午再去接我回来。先生教书的进度并不快，我在心里暗暗着急，希望能尽快多认些字，这样就可以去看姐姐房里的那几本书。可是就是这样慢的进度，其余的几位姑娘仍然显得吃力。

先生还没有教我们写字，只是认字。可是她们总是记不住字的读音。

我看着她们无助的样子自己也着急起来，便在下课的时候把老师上课教她们的字重新教她们一遍。她们见我记得如此之快，惊叹道：“湄儿，你真是聪慧！”

我被她们夸得很开心，但还是摆出谦逊的姿态：“不过是想快点认字读书罢了。”

从那以后，我便邀请她们下课后到我和姐姐的院子里玩耍，然后我再帮她们复习先生上课教我们的字。我在院子里摆了一排凳子，然后自己站在她们面前，也如同一个教书先生。我每念一个字，她们便随着我读。再后来，我认得字越来越多，先生还没有讲过的知识，我都自己先看完了，姐妹们也喜欢来跟着我学。

簌簌飘落的花瓣雨中，单手握书站立的我，渐渐也有了女儿家的身姿，我目光专注地看着她们，她们也学得极为认真。

久而久之，走过启祥园外的人总是能够听到琅琅书声。

姐姐对我说：“湄儿，你真乃寇家一奇人。”

“姐姐何出此言？”彼时我正站在她房间里，目光扫视着书架，想找一本书来读。

“寇家诸人，无一不是醉心于华服胭脂之内。而你，却在寇家大院里当起了教书先生。”她脸上挂着淡淡的笑。

“我不过是嫌弃那教书先生讲得太慢，急着去读那本《诗经》罢了。”我解释道。

“湄儿，也许你将是这寇家大院里不一样的存在。”说到这里，她意味深长地回头望着我。

她看着我的目光有些发紧，像是寄托着某种希望一般，而当我看向她的时候，她飞快地别开头去，可是我依然看到那一刹那间，姐姐那双妩媚好看的眼里似乎已有了楚楚泪光，我想，我懂了她的心。半晌失神后，我紧紧抱住她，她那一句话，让我有了一种改变命运的希望，这条一出生就被安排好的命运，真的可以从我这里，走出不一样的一条路吗？

随着姑娘们跟着我识的字越来越多，更显得先生教得越来越慢。下课后，我索性拿着那本厚厚的《诗经》让他把那些我不认识的字读给我听。

“先生，这句怎么读？”我手指指着昨晚看的那句诗。

“心之忧矣，如匪浣衣。静言思之，不能奋飞。”他对我的提问向来回答得很耐心，此番读这句话，也是抑扬顿挫，颇有情味。

我小声地跟他念了一遍。

“湄儿，你可知道这是什么意思？”他问道。

其实这诗里的意味，我已经能够明白七八分，可若是没有十分的把握，我不愿妄言，遂道：“还望先生指点。”

那先生捋了捋胡须道：“这话的意思，便是说心中的幽怨抹不掉，好像没洗的脏衣裳。静下心来细细想想，只埋怨飞无翅膀。”

我轻轻道了一句：“谢谢陈先生。”便独自回了启祥园。

静言思之，不能奋飞。

细细想想，我心里藏了那么久的不甘心，也不过是因为“不能奋飞”罢了。

那晚开始，每日我都会读书到很晚。姐姐见了都惊讶得很，劝我说刻苦读书并无用处。我并不解释，也没有做任何改变，依旧每晚捧着姐姐摆在书架最底层的《左传》读。乱世英雄实在让人敬佩，在他们的故事里，我越发觉得，即使生在世娼之家，也可以活出自己想要的人生。姐姐总是劝我多做些别的事情，哪怕画画也比读那史书要好。可是我读史之心仍未有丝毫动摇。我坚定地相信，于史书之中，我总是能够找到一条自我救赎的路。

烛火在微风中轻轻摇曳，书影晃在我脸上，心里一片说不出的宁静。

此生万般事，纵然多不如意，可是未来一切都是由自己决定，虽有遗憾却并不后悔。

红粉娥眉勾眼笑，红烛灯下寒窗苦。

第三节　莺歌百啭 剑舞幽兰

明崇祯四年。

从这一年起，我开始走出寇家，随着姐姐或母亲去店里自己挑选胭脂、笔墨、衣料。街上的小贩极多，极为热闹。我终于可以自在行走在寇家之外的世界里。我眉宇间始终带着一丝欢喜，而姐姐，似乎已经早就习惯了金陵城里这一派繁华。我左顾右盼，生怕漏下了什么新奇的东西没有瞧到。姐姐总是看着我无奈地笑，说我总归还是个小孩子。

胭脂水粉，金玉铺地，烟柳袭人，这便是金陵城。

走出了寇家，也听到了许多在寇家所不曾听闻的消息。譬如金人在正月里造出了红衣大炮。又譬如神一元发起了农民起义，一定又是发了灾。

“金人是何人？”我拉着母亲的袖子问她。

“金人是我们大明的敌人。”母亲心不在焉地答道，此刻她正在专心地挑选做衣服的料子。

也是从这一年开始，我才正式开始学抚琴唱词。这一年，我八岁。相比姐姐，我学琴是极晚的。然而母亲似乎一点不担心我学琴的进度。对于学琴，我也是兴致高昂，因为这样我就可以把我爱的《诗经》唱出来。母亲找来教我抚筝的，是昔日江南有名的歌姬妙音。听闻她是雏妓时并不叫妙音，后来因琴技太过出众遂得字妙音。再后来，大家都习惯叫她妙音，她自己也就不再提及本名。

见妙音的第一次，我记得清清楚楚。她着一袭枣红色长裙，腰间束着一根鹅黄色腰带，腰带上坠着一块白玉。那白玉晶莹剔透，雕成了琵琶模样，煞是好看。枣红配鹅黄，不可否认，这是极其大胆的配色。若是稍有不慎，

便会显出一身土气。然而这配色用在她身上，却恰到好处地显出一种沉静美好。她已年近三十，可面上却还能见得一股自然风流的少女之态，让人看了觉得疏离之中，还有那么一点点亲切。

她并未与我说话便翩然坐在长凳上，抚了一曲《长相思》来。已经是听过数遍的曲子，此刻听来，竟让我心醉神迷。

此曲只应天上有，人间能得几回闻？

妙音之音，果然妙绝！

她一曲弹罢，便让我坐在那长凳上为她弹一曲。

我寸步未动，低下头去："妙音姐姐，我并不会弹。"

她面上有一丝惊讶，但转瞬间便化作平静，道："未曾料想，你母亲竟将一个完全不会弹琴的人交与我。也罢，我从头教你。"

我垂着头。诚然，妙音这样的人应当是教人如何把曲子弹出神韵的人，而不是教一个人如何用双手弹出曲调的人。她来教我，未免大材小用。我突然为自己已经年满八岁却不会弹琴而羞愧。姐姐八岁时，已可以抱着琵琶奏出《长恨歌》了，而且那弦音比一些有名的琴妓都弹得更加美妙。

妙音是一位温婉的女子，却非一名温和的老师。她教授我弹琴之艺，极尽严厉苛刻。一个音弹错，便叫我重新弹过。她只给我讲乐理，却不教授我任何弹琴的技巧，只是教我看她是如何弹的。我心里不禁生出些许埋怨，却不敢在面上表现出来。

"静言思之，不能奋飞。"

缄默之中，我总是忆起这话。

从小到大，从识字到学画，先生、老师无一不夸赞我天资聪颖学东西快。而妙音，自始至终，从未赞过我一句。她每天都来启祥园一两个时辰，然而她走了之后，我自己却还要练上三四个时辰。已经能够做到曲调无一差错，却还是弹不出妙音琴声里的那种感觉。我开始想不通，同样的琴弦，同样的位置，同样的节拍，为什么弹出来的东西就会不一样？

终于有一天，她对我说："你弹成这样尚可。"

我听得出她语气里的失望，即是说天资已然如此，便不再做过高要求了。

我抬起头，定定地看着她："我还可以更好。"

她也望着我，我们对视。几秒钟的缄默无言后，她的脸上终于绽开了一个好看的笑。她莞尔道："你当然可以更好。只是有的时候，弹琴并不只是弹琴而已。"

这大概是她第一次会心地对我笑。然而，我却不能完全听懂她话中之意。弹琴不是弹琴，那是何物？我沉默着没有接话。

她想必是明白我未听懂她话里的意思，又解释道："弹琴是一门技艺。技艺，就分为两个层面。一层为技术，一层则可谓艺术。而我能教你的，就只有技术，并且带着你往艺术的层面靠近。"

"何者可为技术？何者可为艺术？"我好奇地看着她。

"拨哪根弦，用怎样的力度，应该弹出怎样的节拍和旋律。这便是技术。"妙音停了两秒，又道："而艺术，却无法一言以蔽之。如果你的琴声会说话，能否说出你心里想要说的话，便可算作是达到了艺术的层面。然而是不是好的艺术，还不一定。"

她一席话让我顿悟，想要如她一般弹得一手好琴，并不是只要勤加练习就可以的。

"湄儿。"这是她第一次唤我的名字，以往她交代我功课，总是不带称呼。我从失神中缓过神来望着她。

"我只是忽然觉得我做过的努力都那样无力。我曾经以为，只要我努力，便可以弹得像你一样好。"我仍然垂着头，觉得十分委屈。

妙音走到我身边，轻轻抚着我的头发，她的声音突然充溢着满满的温柔："湄儿，其实我教了你这么久，都没有夸奖过你一句，并不是因为你弹得不好。而是，我想让你自己想明白一个道理，这世上的许多事，并非你努力便可得。"

我忽然间有些怅然若失，原来这么久，并非我不够努力，不够优秀。

此刻，泪珠已经在我眼眶里打转。

妙音接着道：“然而弹琴之事，你的技术已经炉火纯青，不需我多教。至于你想弹得像我一样好，总有一天你会的。”

“哪一天？”我强忍住眼泪问她。

“等到你满心心事无处诉，唯有借琴音倾吐的那一天。”她说罢俯下身来轻轻抱住我，那一瞬间，我似乎从她眼里看到一种一闪而逝的恍然，似有什么锥心刺骨的东西从她清澈的眼波底下划过，带出一抹血色。

我有些怔了，知道她的手臂微微用力，我才缓过神来。

这是她第一次抱我，我有些拘谨。她的怀抱并不温暖，腰间的白玉甚至传出些许寒意。可是在她怀里，我却感到舒心。我的泪水终于顺着双颊流了下来。

我不知道自己为什么这么想哭，也许，只是因为我付出了那么多的努力却终于明白，我完全努力错了方向，也许，是因为她的拥抱太过绝望。

妙音离开了，我呆坐在院子里许久。却再也不想去拂那琴弦，跋涉万里，才发现一路都是徒劳。所有需要做的，不过是耐心静候罢了。

那一天，我终于明白了所有关于弹琴的要义。

那一天之后，我再也没有见过妙音。

美人杳然去，空拨三弦悲。

第四节　英雄气短 红粉仗义

时光荏苒。长发瀑腰，流转于胭脂水粉中度日，我已年满十岁。

这年，母亲为我安排了单独的院落居住，我便离开了吉祥园。

我所居的院落，名曰“倚月苑”。院子里再也看不见那一排密密麻麻的烟柳。倚月苑的门外，是两棵高大的杨树，直直地挺立着，如同骄傲的士兵。而院内，则是星星点点种着的梨树。我刚刚搬进来，梨花花期已过，未能见到满园梨花盛放的样子。姐姐送我到倚月苑来，只在这里陪我吃了一餐饭便离开了。第二日，她即将搬离寇家。她已年满十三，要正式搬到城中的月白楼，开始献艺接客。

她离开倚月苑的时候，我深深地拥抱她。我心中清楚，明日我并不会去送她。

在倚月苑的日子依旧过得平淡如水，无一丝波澜。终日练琴读词，晚膳后读书写字。

这一年母亲赐了我一名婢女。她名唤“斗儿”。第一次见她，正是我搬到倚月苑的那一天。傍晚时分，母亲来倚月苑看我，除了两名贴身婢女，她还多带来了一人。母亲来的时候，姐姐已离去，我和母亲对坐于大厅的座位之上，竟相对无言。当时我心里想的都是姐姐，明日她就会搬走，而再过几年，我也会那样，彻彻底底地失掉自己的自由。

终于，母亲先打破了沉默：“湄儿，你也大了。如今搬来了独自的别院，日后要更懂得分寸才是。”

我知道她说的“懂得分寸”是何意，是告诉我不要四处走动，不要总是关心那些无关之事，不要隔三岔五便央求着姐姐带我到城里去逛。我不知

道母亲是否知道这深闺中的日子是何等寂寞，此时此刻，我只看见了她眼中那不容否认的严肃，我抿了抿嘴，道："娘说得是。"

"香儿也随着你姐姐去了，如今你身边不可无人照料。我替你寻了个丫头，你看可还喜欢？"她回过身去，一旁的婢女说："快向小姐行礼。"

我的目光看向那个婢女，年纪看上去与姐姐相仿，穿着一身翠绿色的裙子，瘦削得很。标准的瓜子脸上是闪亮的眸子。唯一不足的是眉毛有些淡了。眉毛可以画浓，眼中光彩却无法雕琢。不可否认，我对她，初见之时，便已经有了些许好感。

指如削葱根，面似雪样白。

她怯生生地走上前一步，向我行礼道："奴婢斗儿见过小姐。"

斗儿。这名字在寇家不禁显得有些古怪。寇家的女人，上至母亲姨母，下到浣衣丫头，名字无一不女子气十足，尽是依红倚翠、香胨软玉之流。而"斗儿"这名字，竟还带着那么一点少年男子的况味。我不禁展颜："斗儿斗儿，这读来是极顺口的名字。"

斗儿见我赞她的名字，朝我笑了笑，虽然还显得很青涩，可是已然透出一股机灵劲儿。

母亲道："你喜欢便好。"

"谢谢娘。"我起身向母亲行礼。

"我先走了，你们好生布置着这宅院。有什么需要便同我说。"母亲说完这句话便离开了倚月苑。

我总觉得，母亲是在刻意与我和姐姐保持距离。其实她并没有多忙，只是不肯与我和姐姐多待。从小便是如此，如果没有什么正式的事或有失礼节的事情，她是决不会来我和姐姐的住处看望我们的。

我始终想不明白这种疏离因何而生。

而这个问题，几乎困扰了我的整个童年。

而蔓延了我整个少年的，便是学艺。

十一岁的我，已经彻彻底底地领会了技与艺的区别。技可从老师处学到的，而艺却要求打磨自己的心，要靠领悟方可达成。

筝琴过后，我又学习了琵琶、二胡、笛子。突然对各种乐器产生了不可抑制的喜爱，整个倚月苑终日都被管弦声填满。

我弹曲子的时候，斗儿总在我身边默默地听着。

她总是对我说：“小姐弹的曲子一点也不比那些已经在献艺的姑娘们差。”

我心里明白她是在赞扬我的琴声好听，可是我却只能以苦笑来回应她。

彼时琅琅书声响，今日行行苦泪流。

启祥园内下起了梨花雨，正值凋零之际的梨花点点落下，犹如雨滴，煞是好看。此时的我早已经不再去上识字读书的课。但当年教我识字的陈先生却仍然充当着我老师的角色。更确切地说，我与他已经成了忘年之交。一个乐于读书且总是提出问题的学生，一个诲人不倦、乐于解答问题的老师，没有理由不成为好朋友。

我仍然坚持每晚读书，每每有感，便会成书一封告知陈先生。每每读到不解之处，也会写信询问他。他仍然在寇家教姑娘们识字。可是这时的我，已经明白，凭他的学识见解，来这里教书真是大材小用。

我曾经去他教书的院子里找过他。一见他，便把我积攒了七日的问题一股脑儿诉与他听。

他不慌不忙，一一娓娓作答。

“先生，你的学问这样好，来这胭脂院中教人识字，岂不是大材小用了？”想了许久的问题脱口而出。

“你见过几个读书人，怎知我的学问好？”他欣然反问我。

“湄儿是没有见过几个读书人，可是湄儿自己便是之一。读书花了怎样大的心力只有我自己知道。湄儿并不是那种什么事情都不知道只知在深闺绣花鸟的姑娘。”我被他问得有点恼意。

他见我急于解释的样子竟然笑了出来：“让湄儿失望了，我的学问并不好，仅仅考中了秀才而已。”

“可是你的表情分明不觉得自己学问不佳。”我嘟着嘴说。

“哈哈，你个小丫头真是古灵精怪。”他干脆大笑了起来，“我确实不觉得是自己的学问不佳，只不过我的所学与科举所考不是一路而已。”

“先生所学是什么路子？科举所考又是什么路子？”我决心刨根问底，担心他当我是小孩子，敷衍作答。

“科举考的是四书五经、八股之学。”他停顿了一下，继续道：“而我陈匪青，是个离经叛道之人。只不过，离的，是四书五经；叛的，是邪门歪道。”

他言罢捋着胡须玩味地看着我，我完全没有听懂他的话，但心中明了，他说的话中没有半点敷衍。

时日流转，十二岁那年，我第一次知道了复社的存在。

那日我去向陈先生讨教诗里的问题，他一一作答完后，我问他道：“张献忠是忠是奸？史可法又是何人？”张献忠、史可法都是我于市井中听到的名字，当时听得一知半解。回到寇家后去问母亲，母亲只淡淡道了一声“张献忠是起义的农民”便再也不肯多说。我心下想着，寇家上下，能够知无不言言无不尽的，恐怕只有陈先生一人了。

他沉吟了一下回答道：“史可法是大明的将领。至于这张献忠是忠是奸，我实在不好回答。湄儿，你要知道，在黑和白之间，还有深浅不一的灰色。”

我有点听不懂，喃喃道：“可是一个人是好人还是坏人，难道也没有一个定论吗？”

“那湄儿，你觉得我是好人还是坏人？”他笑着问我。

“先生自然是好人。”我肯定地答道。

“那你说小偷是好人吗？”他又问。

“小偷当然是坏人。”当时我的是非观还简单得很。

“我陈匪青当年就做过小偷，你现在觉得我是好人还是坏人？”他又道。

我沉默了。忽然发现，这个世界上有些事情，并不是非黑即白。

“湄儿，明日，我带你去一个地方吧？”他沉默了一会儿道。

“去哪里？”我有些兴奋。

“并非好玩之地。”他淡淡答。

第二日，他便带我去了复社的集会，我第一次了解了那个组织。文人墨客，谈诗论画，热闹得很。十二岁的我跟在陈先生身后，对一切都充满了好奇。

也正是在复社这个地方，我看见了文人内里的铮铮铁骨。这里的人，从来不会回避类似“张献忠是忠是奸”这类问题，反而是乐于谈论的。

也正是在这里，我遇见了许许多多与陈先生一样的人。

第二章

戎马关山北，凭轩涕泗流

长亭今古道，水流暗响，渺渺杂风沙。倦游惊岁晚，自叹相思，万里梦还家。愁疑望结，但掩泪、慵整铅华。更漏长，酒醒人语，睥睨有啼鸦。

伤嗟。回肠千缕，泪眼双垂，遏离情不下。还暗思、香翻香烬，深闭窗纱。依稀看遍江南画，记隐隐、烟霭蒹葭。空健羡，鸳鸯共宿丛花。

第一节　朱公初次访，音流倚月楼

铜镜里的女子面色白皙，娥眉杏眼。及腰的乌黑长发如一泓墨色泉流，在玉制的梳子下涟漪轻泛。那秀发被梳理顺当后，她身旁的两名侍女便开始一左一右为她盘发。先拾起小指粗的一缕头发，然后一点点盘到脑后辫起的辫子上。动作甚是繁琐复杂，显然是耗时极长的工程。然而那女子，只是兀自瞑目养神，丝毫不见急躁之态。

镜中的女子，便是我。

那一年的我，得字白门。除了母亲仍然唤我湄儿，其余众人皆唤我白门小姐。

那一日的我，即将第一次登台献艺。

月白楼里筑起了与二层楼同高的舞台，悬挂于屋顶那薄如蝉翼的粉红色轻纱，舞台三侧坐满了把酒言欢的宾客。舞台后是心中十万个不情愿的我。

发髻上斜斜地别了一枝孔雀尾一样的羽毛，与身上有着十尺宽裙摆的孔雀蓝纱裙甚是相配。看着镜中的自己，连自己都觉得痴了。红唇长裙，可是丝毫不显风尘之气。

在众人前表演的，是我练了几十遍的孔雀舞。我在舞台上旋转，轻轻跃起的瞬间，我发现我的眼前没有任何观众。整个月白楼里，就只有我自己。我停下，拼命跑下舞台，想要跑出去，却发现怎么也找不到月白楼的门了。我记得门就在舞台的正对面，可如今舞台的正对面却是长得看不到尽头的回廊。不，这绝不是月白楼。我不知道自己在哪里，残存的意识让我拼命地奔跑。汗已经从两鬓流到脸颊，我仍然没有寻到出路。忽然，裙摆被踩在脚下，

我被硬生生绊倒，不禁叫出声来。

我终于惊醒，还好，只是梦。

我起身掀开床帐，坐在几案旁，为自己倒了一杯茶。饮下了几口茶，才缓过神来。那梦里的场景确实是我第一次献艺时的场景。只不过结局大大不同。三年前，真实的结局是我在那一支孔雀舞后一举扬名江南，金陵皆知。在大家看来怎么都算得上圆满的结局，到了我的思绪里，却成了找不到出路的噩梦。

我不喜欢现在的生活，这无可否认。可是我从未发现，除了不喜欢，原来还有那么那么深的恐惧。

我突然很想找一个人说说话，可是如今唯有斗儿在身边，与她说这些，不是徒增她的烦恼吗？

突然对三年前的日子有了一点怀念。

三年前，我还与姐姐一同住在一街之隔的月白楼里。偶尔还可一同陪客吃饭，虽然也很少谈交心的话，可是觉得脆弱孤寂时，一个拥抱也还是有的。然而，自一年前起，就连一个拥抱也不曾有过了。初次献艺后，我的名声便已经盖过了出道三年的姐姐，来访宾客越来越多。再后来，我便被安排进了独自的住所，名唤“倚月楼”。

提到“倚月楼”三个字，金陵城里的人第一个想到的便是白门姑娘。

时光已经悠然漫溯到崇祯十五年，这一年的大明朝，就犹如失去了舵的航船，它何去何从完全听任潮水。复社人人自危，上下活动，企图用尽最后一丝力量去延续大明王朝的生命。

而此刻的金陵城，仍然歌舞升平，一派繁华，丝毫不见亡国之危急。

小小金陵，何尝不是整个大明朝的缩影？在危机空前的发展下忽略了政治上的蛀虫：不理朝政只痴迷于木匠活的君主，不理百姓安危只知谋自己权位的宦官。大明的内里都已经被奸佞之臣掏空，岂是崇祯一人之力可以拯救？

“小姐。”是斗儿的声音。

我正于倚月楼三层看着楼下熙熙攘攘的人群，不知此时京城又是怎样一番景象。我从遐思中抽离出来，回头望着斗儿，问道：“何事？”

“下午朱国弼朱大人来访。这是他嘱咐要亲自交到小姐手上的帖子。”斗儿言罢递上一纸金色的帖子。

我伸手接过，那帖子上竟赫然覆着金箔。轻轻打开，里面全是老套的话，先赞我容貌再表倾慕之心，千篇一律，并无新意。但懂得先进帖再相见，已经算是有礼，更何况这帖子做工如此精细好看，不得不说是讨巧的。至于朱国弼的大名，我是早已听过的。天启年间勇于弹劾魏忠贤，他的勇气，我是敬佩的。只是没有想到，他的家底竟然如此之厚，一张寻常约见歌妓的帖子，竟也用金箔来镶。

我用过午膳后，斗儿便进来为我盘发。她悄悄告诉我说，朱大人已经等在外面了。

“不是约的下午吗？怎么来得这样早？”我不解地问道。

“他只说是约了下午，那到了下午一刻也已经算是下午，为表诚意，于下午之前恭候小姐。”斗儿解释道，她脸上带着笑。

“这朱大人果真多礼。”我嘴上虽然这样说，心里却是欢喜的。

发髻盘好后，我又刻意拖了一会儿，才去见他。

“在下见过白门姑娘。”他向我行礼问好。

这朱国弼实在与我想象的不太一样，彼时听他与魏忠贤斗争时想他当有一双犀利如鹰的眼，而面前的他，眼里却暗淡无光。他的衣服是极华贵的，长衫是那种近乎紫色的蓝，煞是耀眼夺目。脸上已经可以见得些许老迹，眼角现出惹人注意的皱纹，鬓角露出一缕华发。除去一身华贵衣衫，面前的他，也不过是一介寻常人。他的守礼举止诚然让人喜爱，明明声名显赫、地位甚高，可是丝毫不摆架子，就是对倚月楼里的下人，也是极为友善的。身居高位却平易近人，实在难得。

他说想听我抚琴。我问他想听哪一曲，他说哪一曲都好。我思前想后，

为他抚了一曲《雨霖铃》。

听曲的时候，他有一瞬间微微眯起了眼，似乎已经陶醉在了琴声之中。

最后一弦音落，他为我拊掌，转瞬道："早已经听说姑娘的琴声妙绝江南，今日一听，果然名不虚传。"

"朱大人过奖了。"我羞低了头道。

"不知白门姑娘可否听过妙音姑娘？"他眼珠灵巧地一转。

"自然是听过的。"我微微怔住。

"十年之前，妙音姑娘可谓是天下第一琴手，听过她琴声的人，无一不赞她琴声好听。当年在下有幸听她弹过一首《雨霖铃》。这些年来，也听过许许多多的乐师弹过《雨霖铃》，可是都没有当年妙音姑娘的那种感觉。"他停了几秒，闭上双眼，似乎在回味些什么。

我静静地看着他，并不说话。这朱国弼本是礼数周到之人，难道不知在一名歌妓面前提起另一名歌妓实在失礼吗？但妙音终究是前辈，也许，不算是同辈，便算不上失礼。妙音，这个名字出现在耳边还是让我不由回忆起那个不苟言笑，总喜欢穿枣红色裙子的沉静女子。

而后朱国弼又睁开双眼，接着道："刚才听白门姑娘弹这《雨霖铃》，恍然间觉得似曾相识，好像在哪里听白门姑娘弹过。可今日是我与白门姑娘第一次见面，哪里可能听过白门姑娘弹奏？方才一回想，才想起原来是听妙音姑娘弹过。"

我不禁展颜："朱大人真是谬赞，我等小辈的琴音哪里能和妙音姑娘相提并论？"

曾经无数次想要达到的境界，莫非就在我见朱国弼这一刻达成了？可是我听自己的琴声，明明与往日无异。然而听朱国弼的言语，并不像奉承。用一个女子去夸赞另一个女子，原本就是极其冒险的行为，稍有不慎，便会引得其中一位不悦。若非二者真正相像，他在官场摸爬滚打多年，处事必然非常圆滑，绝不会冒这个险。想到他的夸赞确实发自内心，我不禁由衷欢喜。

面上的笑，也由敷衍转为发自内心。

用过午膳，他便称天色已晚，意欲告退。

我将朱国弼送出倚月楼。回来的时候发现院子里的桃树已经长出了花苞。原来，公元 1642 年的春天已经到来。

第二节 激愤出真言，屏后暗听闻

时隔三天，我再一次收到了那金箔装饰的帖子。

斗儿将帖子送进卧房的时候，我还卧在床上未起，昨夜饮了太多酒，头仍然很晕。她知道我身子不舒服，通报的声音都很轻："朱大人仍然嘱咐要亲自送到小姐手上。他已经在外厅候着了。"

我心不在焉地接过来，实在是累得很，对斗儿道："告诉他，我今儿身体不适，不能见客，望朱大人包涵。"

斗儿道："那小姐好生歇着，我去吩咐他们给小姐沏一壶醒酒茶。"

"嗯。"我轻轻答道，翻了个身想继续睡一会。

待我醒来时已经是傍晚，忽然觉得肚子很饿，便唤斗儿进来。她倒是知我心意，一进门便道："小姐你可是想吃东西了？"

睡了饱饱一觉，如今精神好得很，我笑着答她："是，只是想吃些清淡的东西。"

她转身出去，不一会儿便带着两名丫鬟回来了，手上都捧着托盘。斗儿让她们把托盘上的东西都放在桌子上，便遣她们离去了。我已经饿极，便打开一盅吃了起来。那汤羹凉丝丝的，里面是圆润爽口的莲子，我惊道："这莲子羹今日怎做得这样好？"

"这不是倚月楼做的，是朱大人听说你不舒服遣人送来的。"斗儿带着笑解释道。

"唔。"想不到朱国弼竟这么体贴周到。

"那冰糖莲子羹不过是开胃之物。"斗儿言语间打开了另一个盖子，桂花的香气随即充溢到我的鼻翼之内。那盖子里是摆得整整齐齐的桂花糕。

冰糖莲子羹已经挑起了我的食欲，如今看见这香飘四溢的桂花糕更是按捺不住。我拿了一块送进嘴里，果然与寻常的桂花糕不同。桂花本身的香气丝毫没有被糕点的甜味冲淡。相反，香气甜味配合得相得益彰。单是桂花糕，经过精致工艺处理竟可以如此不一样。

桂花糕的香味还回荡在口中。我心里不禁涌起一片暖意。那些达官显贵，来倚月楼无不是为了寻欢作乐。今日朱国弼来倚月楼候了那么久我却无法见他，想必让他大大扫兴。然而他不但没有丝毫不悦，还遣人来送如此可口的小食给我，实在难得。

翌日，我再次收到了朱国弼的帖子，上面问候我身体是否已经无碍。我遣斗儿去回他的话，说身子已无大碍。但却没有走出去见他。这次，我是有意想吊一吊他的胃口，看他的耐心究竟有多少。

斗儿为我梳妆打扮好的时候，已经是正午。我躲在正厅与卧室相连处的屏风后看着朱国弼。他虽然已经老了，可是面上仍然可以看出，他年轻时是一个英俊的少年。

忽然，门外传来了一阵吵闹声。我转头去看站在我身后的斗儿，向她询问怎么回事。斗儿茫然地摇了摇头。她也不知道。那吵闹声越来越近，近得我已经能够听清他们为何事吵闹。这样的事其实已经发生不止一次了，无非是有人要进倚月楼被家丁拦住，而那人不听，非要闯进来。

心下正想着这实在是稀松平常事，那人便已经闯了进来。超乎我的想象，他并非什么村野匹夫，反而称得上是一表人才。他穿着行军打仗的衣服，显得与这倚月楼格格不入，不可否认，那身衣服衬得他英姿飒爽。他的面目眉宇，倒也是寻常人面貌。但挺拔的身材，专注的目光，让他显得那么与众不同，就算是混在人堆里，你也可以一眼把他认出来。

他一进门便带着愠怒的语气对朱国弼说：“叔父，你真的在这里！”原来，他是来找朱国弼的。

“生儿，你怎么来了？”朱国弼一脸惊讶。

“塔山失陷了，你可知道？”他怒气未减丝毫。

“哦？”朱国弼露出更加惊讶的神色。

“你身为国家重臣，置国家安危于不顾。我大明王朝领土都已失陷，你竟然在这章台柳巷之内寻欢作乐？”被唤作“生儿”的男子把拳头狠狠砸在了朱国弼面前的桌子上。想必是朱国弼那副惊讶的样子惹恼了他。

朱国弼被他一番话说得忽然不知怎么接下去，没头没脑地道出一句：“生儿，你也知道，我向来淡泊名利。”

哪知这句话非但没有使那个男子平静下来，反而让他更加激动：“淡泊名利？你真是好笑。你淡泊的究竟是名利还是我大明王朝的疆土？国家兴亡，匹夫有责，你位居高位，却如此不理国家兴亡。你莫要忘了，你这一身荣光是谁给你的？”

“生儿，你怎敢如此无礼？”朱国弼的音虽低，可是语气里也是满满的愤怒。

“叔父，不是我无礼，而是国家兴亡，危在旦夕。如今还只是塔山失陷，如果再坐视不理，失陷的就是我们大明王朝的京城啊！朝鲜已经投降了清兵，我们再不采取行动，难道等着清兵的铁蹄踏到金陵城来？”他的声音已经平静下来，但仍然没有放弃劝说朱国弼。

“生儿，你先回去。”朱国弼道，语气里是如磐石般的坚定。

“叔父……”他还想接着说下去。

“你——先——回——去。”朱国弼一字一顿地打断了他的话。

生儿摔了摔袖子，不情愿地离开了。过了半晌，那朱国弼对身旁倚月楼的丫鬟说了句什么，也起身走了。

站在屏风后的我也移步回了卧房。那个男子的一番话，又何尝不是我想说的？如今大明国势甚危，可是金陵城却仍然歌舞升平，达官显贵纸醉金迷，又有几个人能够心系边境情况？人们只天真地以为清兵是打不到金陵来的。塔山失陷了没关系，山海关被攻破了也没关系，总之金陵在遥远的南方，他们是怎么也打不过来的——我深深地感受到，大多数生活在这片繁华喧闹中的人，都抱着这样的想法。更有甚者，也许根本不知道如今大明王朝是怎样的情况，他们甚至不知道有清兵的存在，只要自己的生活平安喜乐，他们便决不会多想。

如今之日，能似那男子一般居安思危的人，又有几个？

第三节　辗转又反侧，思君不见君

仅仅几天光景，院子里的桃树便已经被粉色装点了起来。几日前那几棵桃树上还只有泛着青绿色的小花苞，如今已经变为淡粉色。这倚月楼的桃树又似乎与外面的桃花不同，外面的桃花只有一层花瓣，而这桃树上开的花却足足有十多瓣花瓣。花朵显得异常华贵厚重，与常物不同。

恍然间，我忆起了旧时在倚月苑的日子。那里的满园梨花，也是多瓣的品种。每每到了花期，总是开得灿烂非凡。梨花本是清冷的花种，可是倚月苑的梨花却从不见清冷的意味。园内梨花竞相开放的时候，总有别的院子的姑娘过来赏花。她们说，倚月苑的梨花可以开出热闹的味道来。

我静静站在倚月楼满园的桃花下，又想起了往日的光阴。那时，虽然整日学习各种技艺忙得不可开交，但日子却过得十分安稳。如今，日子虽然热闹了起来，江南名士屡屡到访，可是却好久没有感受到快乐的感觉了。

“斗儿。”我唤来她。

她就在不远处候着，道：“小姐有何吩咐？”

“你可知今日闯来那男子是何人？”我故作不经意地问起。

“斗儿只知道他名叫韩岑，是朱国弼的侄子。”斗儿果真是知道一些的。

“他可是在军中有差事？”我嘴上问着，脑海里已经浮现出他穿着那身军服的样子，那样挺拔，那样好看。

“这斗儿就不知道了。”斗儿一脸茫然，又接着道，“不过，小姐要是想知道，斗儿可以去为小姐打探一番。”

“那倒不必了。”我心里虽很想多知道一些关于他的事，可是人人都知道斗儿是我的贴身婢女，如今派她出去问这样的事，终归是不合适的。

心下正想着韩岑的事，斗儿又向我递了一张帖子。熟悉的金箔覆盖在那上面。

初一看，我并没有什么欢喜的心情。因为那日的朱国弼，听说塔山失陷，脸上竟是茫然麻木的神情。可是想到朱国弼等候时的耐心，体贴送来的莲子羹和桂花糕，我还是对他心存感激。也许，那种麻木只不过是因为他也没有办法。

我换了身淡粉色的裙子，并没有盘起见客时那种高高的发髻，而是简简单单地坠了根簪子便出去见他。从内院走到外院时才发现，原来不知不觉已经到了黄昏时候。满园桃树也好像都带上了一丝倦意。桃花都开得疲倦了，我忽然也有一点困倦。刚出内院几步路，我便听到有人唤我。

“白门，白门。”那声音不大，我不能辨认出它属于谁。

“小姐，朱大人在那边。”倒是我身后的斗儿看见了朱国弼。

我顺着斗儿指给我的方向望去，果然看见了朱国弼。我冲他微笑，道：“见过朱大人。”

“白门，这院子里的桃花开得真美。”他把目光移向桃花，略带感慨地说。

“是啊，只可惜再开不了多久就要谢了。”我心里仍然想着他对塔山失陷的麻木，于是以桃花隐喻大明王朝，希望他能明白。

“白门，我想你。”他转过头来，望着我道。

此刻我与他之间，不过七八步的距离。我清清楚楚地看见了他眼眸里悲伤的神色。这一刻，我好像突然间油然而生出了一点心疼。他一句“我想你”，我从中却听出了无奈和痛苦。

我站定了望着他，情话我听得多了，往昔都应对自如，如今却不知说什么话去接他的话。

我们相对着沉默。

半晌，斗儿道：“起风了，朱大人、小姐去屋子里坐吧。”

我点了点头，引朱国弼进了内院。斗儿为我们二人斟了热茶便退到门外去。

“那日我侄儿鲁莽，扰了倚月楼的清静，实在是失礼，还望白门姑娘莫要见怪。”他首先想到的，竟然是为了那日的事情道歉。

其实早在刚才看见他眼里的那种悲伤时，我就早已经原谅了他。我不由轻轻叹了一口气，道：“他的赤诚之心也可以理解。”

朱国弼没有继续这个话题，递给了我一个锦盒。我竟没有注意到他手里一直握着一个盒子。他万般柔情都揉进了那句话里，“白门，你喜欢吗？”

我接过盒子，轻轻打开。映入眼帘的是一串白色的珍珠项链。我从来都没有见过这么精致的珍珠项链。真的珍珠项链每颗珠子向来都多少有些大小不一。因为天然的珍珠并不是正球形，若是珍珠本身不够大，再一一打磨成正球形，那珍珠只怕已经小得不能看了。这串珍珠，不仅颗颗都是正圆形，而且大小一模一样，似乎还散发着淡淡的荧光。确实是不可多得的宝物，定然价值不菲，可是我却不很喜欢。然而他的用心却着实令我感动。我拿着那串珠子，对着他露出略微勉强的笑，“很好看。”

“我替你戴上好不好？”他说。

我点了点头。他站起身，小心翼翼地拿起那盒子里的珍珠项链。走到我身后，动作轻缓地为我戴上。扣上环扣时，他的手指碰到了我的脖颈。他指尖的温度是暖的，一股温热传来。

他在我身后轻声道：“白门，你的肌肤竟这样凉。”语气里似乎有些许心疼。

我并没有说话，他的手随即抚过我的脸颊。我能够感受到，他俯下了身。房间里很静，他的鼻息我都可以清晰地听见。温热的气息漫过我的耳垂，我能感觉到自己的有双颊已经在发热。继而，他的唇吻上了我的面颊、我的耳侧、我的脖颈。我下意识地想要闪躲，他用右手揽住了我的腰身，我再也躲不开。渐渐地，安静的房间里，他的鼻息混杂着我的喘息。

他抱起我来，耳畔是他的低吟：“白门，你真美。”他定定地望着我，眼神里是轻易就能读出来的疼爱。他温柔地将我放在床上，然后转身去吹熄了灯。

此时，房间里只有从窗子透进来的月光，还有月光下轻轻摇曳的柳影。

他又说了同样的话："白门，你真美。"只不过这一次，他说得更慢了些。

我已说不出话来。

只余下零落满地的轻纱和充溢满室的龙脑香。

第四节　美人徒思念，遇君不敢言

每月十七，是复社统一集会的日子。复社的成员并无定数，都是自愿前去，所以每次去的人也不尽相同。就连我，也不是每月十七都去。只不过平日里与复社的成员相约相见，我是热衷得很。只不过这个月，清兵对大明的压力前所未有的大，陈先生亲自来倚月楼说要与我一同去。

那日清晨，我早早起身，并没有唤斗儿进来为我梳洗，而是自己去端了热水进房，自己梳洗。打开衣柜，拿出了衣柜最底层的白色长衫，又简简单单地把头发都束在脑后，然后戴上帽子。我对着铜镜，满意地笑了笑。镜中的自己，已经变为了一名江南俏书生。

每次去复社，我总是要着男装。自然不是为着隐瞒自己的女儿身份，复社之人，已经认识了不少，又如何能够瞒得住身份？我总觉得于一干长衫马靴之内穿纱制长裙，披及腰长发总是有点格格不入。况且，着男装时的飒爽，也是我自己很喜欢的。

我正对镜打量自己，斗儿敲门进来了："小姐怎么不唤斗儿进来侍候着？"

"今日不知为何，起得特别早，我猜你还没有起来。"我转头对斗儿微微一笑。

"小姐，你真美。"斗儿说。

"快去吩咐厨房准备早餐，一会儿陈先生就要来了。备些他最爱的皮蛋瘦肉粥吧，口味清淡些。"我吩咐道。

陈先生是骑马来的，我在倚月楼上远远便望见了他，遂跑下楼去门口迎他。先生的马是小跑着的。他虽然年过半百，可是在马背上，身姿仍然那么挺拔。

见他的第一句话便是：“先生，你也教我骑马好不好？”

“湄儿，你这丫头，想学的实在太多了。”他习惯性地捋了捋胡须，接着道，“可是我陈匪青只教书不教骑马。”

“先生不教我也无妨，我自会去别处学来。”我嘟着嘴道。

用过了早饭我便与师父赶往集会的地点，他骑马，我乘轿子。

一下轿，我便看到秦淮河上连在一起的画舫。怪不得先生今天特意要让我前来，原是因为这集会竟然是在河上进行的。我不禁对着陈先生会心一笑。他亦回敬我一个微笑。师父带着我去了最里面那一方画舫内，画舫内圆桌上，只有吴伟业一人。这吴伟业是江南有名的才子，当朝榜眼。当时江南博学之人，除却钱谦益便属吴伟业了。我与他在复社常常谈诗论画，况且他也是去过倚月楼的，还算得上有些交情。我抱拳向他行男子礼：“小生见过吴公子。”

“每次见白门姑娘着男装，总觉得更能把男装穿出俊朗的味道来。”他由衷赞道。

“吴公子谬赞。”我又向他行了个礼。

言罢，我们三人齐齐坐下。桌上的茶香味甚是浓重，想必是上好的祁门红茶。心下正想着，吴伟业便介绍道：“这次集会的茶，是小生准备的，今年新采的祁门红茶，二位不妨尝尝看。”

“吴先生带来的茶，必定是好茶。”陈先生赞道。

我们三人便于安静中品茶。这画舫中本是能坐八九个人的，只是我和师父来得太早，人还没有到齐。

“好浓的茶香！”未见其人，先闻其声。这声音竟然这样熟悉。心下正想着，那说话的人已经走进了画舫中来，我定睛一看，那人竟是韩岑。原来，他也是复社中人。我早该想到，他那样一心想要救国的人怎么可能不是复社一员？

“我道是谁，原来是韩参将。”吴伟业起身向他行礼道。按辈分地位，吴伟业都高他一等，但吴伟业仍然姿态谦逊，实在让人敬佩。

“见过吴先生，不知这二位是？”他转脸望向我，显然已经发现男子装束的我并不是男子。

“这位是陈匪青先生，还有寇白门姑娘。”吴伟业道。

“寇姑娘的大名自是听过的，只是没有想到竟然也是复社中人。”他定定地盯着我看。

我羞低了头，起身向他行了个礼。

吴伟业接着道：“这位是史可法的参军，韩岑。”

“见过韩参将。”我再次行男子礼。

他依旧那般挺拔，眼睛里有如雄鹰一般犀利的光。一时之内，我竟无法使自己不看他。年少方刚，铮铮铁骨，我所见过的人里，只有韩岑能够如此。

“如今温体仁排挤复社，以后的活动只怕都要秘密进行了。规模这样大的集会，不知道还能有几次。”我叹了口气，打破了四人之间的沉默。

吴伟业道：“秘密进行倒也不必，只不过低调行事是必须的了。”

而后，他们又谈边关战事，我开始有一些听不懂了，便只在一旁默默听着。他们三人聊起天来似有说不完的话，转瞬之间便已经到了下午。十几艘画舫都解开了相连的绳索，这是复社要散会的预示。

依旧是吴伟业率先起身：“时间总是过得这样快，匪青，不如你们到舍下小坐，尽未尽之话题。不知白门姑娘可愿同行？”

我欠身行礼：“白门怕是不可，黄昏时分娘说好了来倚月楼探望我与姐姐三人吃顿团圆饭。”

“那白门姑娘便先回倚月楼，改日在下登门探访白门姑娘。”他转头对韩岑说，“我与匪青就一同前去舍下了，韩参将若是方便，可否送送白门姑娘？”

“自当如此。”韩岑答道。

回去的时候，韩岑为我备了马车，亲自驾车。

“其实姑娘的倚月楼，我是去过的。不曾想，姑娘竟是复社一员，又对朝政体察入微，实在令在下刮目相看。”韩岑打破了沉默。

“其实韩参将，白门也是见过的。”我轻轻道。

“哦？白门姑娘何时见过我？”他语气里尽是疑惑。

“那日你去寻朱大人，我恰在屏风后。你那一番慷慨陈词，我都听到了。满腔义正言辞，是我心所想却不敢言的。”我不带一点忸怩，坦然地说出了这一番话。

“姑娘身落风尘却不泯爱国之心，实乃巾帼不让须眉。”他道。

他的声音，浑厚里透着沉静。

转瞬之间，便已经到了倚月楼。我跳下马车，转头对他道：“韩参将可要进去坐坐？”

“不了，送姑娘回来，我的责任已经尽到。”他道。

这韩岑，着实不懂言语的技巧，不过热血都用在报国之上，自然无暇去理会什么说话的技巧。我回身向他道谢，目送他的背影渐渐消失在金陵城最繁华的那条街上。

然而，我有话未说，那便是：“教我骑马好不好？”

第三章 合把芳名齐葛嫩，一为生节一为生

韶华迤逦三春暮。飞尽繁红无数。多情为与，牡丹长约，年年为主。晓露凝香，柔条千缕，轻盈涛素。最堪怜，玉质冰肌婀娜，江梅谩休争妒。翠蔓扶疏隐映，似碧纱笼罩，越溪游女。从前爱惜娇姿，终日愁风怕雨。夜夕一宵，小楼魂断，有思量处。恐因循易嫁，东风烂熳，暗随春去。

第一节　金帖为求亲，伊人心少年

复社一别后，又隔了许久没有见到韩岑。我曾委婉地问过斗儿可有韩参将的消息。可是斗儿又从何处去知道他的消息？他不过是无名小卒，即使真的有什么大事发生，也难以传到倚月楼的门前。

然而我想见他的心却是无法抑制。我自知女儿家要矜持，可是心里的情愫若不表达出来，错过了彼此岂不可惜？何况连陈先生都曾赞我有男儿风骨，此番勇敢一次又有何妨？勇敢过，即使不能如愿也不再有后悔可言。

我终于还是坐在了书案之前，写了一封信给他。又觉得无从下笔。不知道是该找些借口还是直诉心意。冥思苦想了一刻钟有余，所有客套忸怩都是无用，反而显得拖拖拉拉优柔不决。最终，行云流水的写成了一封短信。信中无任何客套忸怩，直直地问他可否教我骑马。

信送出了十日，还是没有得到任何回复。我又在心里默默地想，那信是否确实送到他手上了？他若是收到了，又会不会不想回复我？

向来飒爽洒脱的我，竟然也会做这些无用的猜测。

也罢也罢，纵然日日期待重逢，也只能静静耐心等候。

想见韩岑而不可见，倒是那朱国弼来得愈加勤了。

时已暮春，桃花簌簌飘落，倚月楼的地上散落着厚厚一层淡粉色的桃花瓣。内院到外院的路，向来少有人走，除却我和斗儿，几乎再无别人。我遂特意嘱咐斗儿，让人不要扫那满地的桃花瓣。斗儿听了不禁展颜，说她也喜欢遍地粉红的感觉。

终于有一日，我站在阁楼上木然望着楼下，那满地的粉红色花瓣化作了一地枯黄。那一片枯黄，透着一种凄冷的感觉。忽然之间，我不忍再看了，

只默默别过头去。

身后的斗儿开了口："小姐，黄色终是不好看，不如斗儿让人将它们扫了去？"

跟着我的日子久了，我心里想什么，斗儿也能猜出一二了，我边点头边道："那再好不过了。"

终于，朱国弼送来了一张不一样的帖子。同样是金箔装饰，只不过那帖子上赫然镶着一朵小巧的牡丹花。起初我还以为那是绸子做的，仔细端详才发现那竟然是一朵真花。我研究了好久，也没有弄明白究竟是用了什么样的手艺让那朵牡丹花好好地固定在了一张帖子上。

其实我心里已经有了预感，但没有想到来得这样快，这样郑重。帖子的内容很简单——朱国弼想要纳我为妾。

看见那行漂亮的隶书，我有瞬间的恍惚。坦白说，这事的可能我并不是没有想过。董小宛柳如是等昔日姐妹无一不是寻了一个疼爱自己的归宿。而看看自己这里，唯一可能的便是朱国弼的。他的财力，他的彬彬有礼，他的体贴周到，的确无人能比。可是我下意识地想到的，还是拒绝。

没错，我想等韩岑。可是这并不是唯一的理由。确实，我已经年满十七，已经是老大不小的年纪了。再蹉跎个两三年，便二十了。可是，可是，我终究还没有做好再囚禁在深闺之内为人妇的准备。

赶得真是巧，接到朱国弼求亲的帖子那日，我也收到了韩岑的回信。

教我骑马之事，他答应得干净利落，并说他近日都有空闲，让我择有空的日子告诉他，他来倚月楼带我去城郊习马。又问我是想自己挑选一匹马还是让他替我选好。原以为行军打仗的他不会如此细心，今日收到他的信，便觉得与所想大大不同。

我看到信之后开心得几乎跳起来。所有的欣喜在一瞬间迸发了出来。我能够感觉到，自己的嘴角不由自主地扬了起来。其实我并不想在斗儿面前表现得太过激动，可是那充溢在脸上的笑容，我却控制不住。一生之中，这样的欢喜还是第一次。连在一旁看着我的斗儿都跟着笑了起来。

我立刻给他回了信，约定了三天后的上午，倚月楼随时恭候。写好后，我把信装进信封对斗儿道；“这次不要送到驿站去了，亲自遣人送到韩参将手中。”我的勇气又多了几分。

“是。”斗儿接过信，又道：“早就知道那韩参将必定也会被小姐迷在石榴裙下。只因为我一个女子都觉得小姐美貌非凡，更何况是他一个正值青年的男人呢。”斗儿意识到自己好像说多了，又忽然不说了。

我沉默着没有接话，只是道：“快去吧。”

斗儿听罢转身走了出去。

其实斗儿是看我高兴，自己也高兴，所以多说了几句。她的本意是赞我美。可是她那一番话，却恰恰说出了我的忧虑。我不愿韩岑是因了我的美貌才答应要教我骑马。然而我只见过他两面，他又能对我内在有何了解？同意教我，多半也是因为我的美貌。想到这里，刚刚的欢喜顿时被一冲而散。取而代之的，是充满思绪的困惑和思念。

此时此刻，我多想站在韩岑面前，坚定地告诉他，我寇白门并不是一个只有美貌的女子。

我走到书案前，坐在那里，想继续抄前不久才抄了一半的《道德经》，然而却终究是无法静下心来。一旁是朱国弼金箔配牡丹的求亲帖子，另一旁是韩岑给我的写满了正楷字的回信。

无论是对朱国弼，还是对韩岑，我都怀有不浅的感情。然而对韩岑，那种一瞬间欢喜另一瞬间又跌进失落里的情绪，是那么那么接近爱情。但是，我却从未想过自己会和他厮守一生。他终究是一个无名小卒，单单是天价的赎身费，他都付不起，更别提承担娶我进门的诸多压力。呵，我是不是想得太多了？如今他对我，是否是认真的，都不得而知。我心里清清楚楚地知道，如果要嫁，那个人只能是朱国弼。

至少，他频频造访倚月楼是真心实意地关心我。至少，他愿意堂堂正正地发出求亲的帖子。

那帖子我最终是没有答应也没有拒绝。

第二节　君手执我手，白马笑追风

那三天，既漫长又短暂。十七年来，我第一次感觉到自己真正地像一个少女一样。时而希望时间快点过，这样就可以快点见到韩岑；但同时又希望时间慢点，因为我总觉得自己还没有准备好见他，又害怕自己太笨学不会骑马。

三日之后，与韩岑约定好要来倚月楼的日子，终于来了。

我并没有站在倚月楼上看着他，因为我怕他看见我。其实，看见又怎样呢？知道我在殷切等待他，难道不好吗？然而，我还是怕。

等待的时光中，有时耳边能够听到马蹄声，细细听来，又觉得没有。

终于，斗儿出现在了门口，道："小姐，韩参将已经到了楼下。"

我徐徐走下楼去。这一日，我穿的仍然是一身男装，淡紫色的短衫，米白色的长裤，看着甚是清爽。头发自脑后高高束起，只不过这次并没有戴帽子，而是配了一根玉簪，男装之下，又带着些女儿气。

而韩岑，竟穿了一身书生气十足的衣服。一身素白色长衫，镶嵌着白玉的腰带，让他宛如人间之外的仙世公子。头发也不似往日那样垂在脑后，而是规规矩矩地梳成了一个发髻。一身书生模样的装束，目光却如鹰般凌厉。我静静地看着他，竟有些痴了。

"见过白门姑娘。"他下了马，先与我打了招呼。

"韩参将这一身长衫，俊逸非凡，只是怕是不便骑马吧？"我道。

"城郊马场的主人是我兄弟，我到了他那里再换骑马的装束。"他解释道。

我又道："那我们，是乘马车去那里？"

“那里并不远，不到半个时辰就可以到。”韩岑一拱手道：“白门姑娘若是不嫌弃，且与在下骑一匹马前去，也好熟悉一下在马背上的感觉。”

这一番话，说得极其诚恳，丝毫不带轻薄之意。然而，我一个女子，与人同乘一匹马，在金陵最繁华的街上招摇过市，终究有欠妥当。这事情虽然不大，可是极有可能传到朱国弼耳朵里的。更何况，韩岑又是他的侄儿。罢了，我寇白门哪里会理会那些?

我向他点了点头，道了声：“好。”

韩岑自己先上了马，又伸出一只手拉我。我左脚先踩在了马鞍的脚蹬子上，然后他握住了我的右手。顺着右手的拉力，我的右脚飞一般腾起，然后自然而然地坐在了马背上。原来，上马是这样简单。

“坐好了吗？”他在我耳畔轻声道。

“嗯。”我道。

也许在韩岑看来，我还是有那么一点迟疑。可是我自己知道，就算有再多顾虑，我还是会伸出我的手，跨上他的马背。

果然，不到半个时辰我们便到了他所说的马场。那马场主人与他差不多的年纪，也十分俊朗。二人言谈亲昵。显然马场主人与他是故交。他嘱咐马场主人带我去挑一匹自己中意的马，而他自己则去换骑马装。

马场主人热心地带我去马厩。马厩里的马实在是多，有三十多匹。我不懂得挑马的学问，而那马场主人也只是陪在我身边，并不为我讲解。我也只能凭着外貌去挑马。终于，我挑了一匹通体雪白、脑后带着一缕黑毛的马。那马场主人见我挑了那马，有一丝惊讶的神情划过，但那惊讶又转瞬即逝。

马场主人带我走进马场的时候，韩岑已经候在那里了。他换上了青色短衫，黑色裤子，青色长靴，正朝着我微笑。我见了他，也回了一个微笑给他。

他教得极为耐心。他道:“其实对女孩子来讲，最难的应该是上马和勒马，因为这两个都是力气活。至于驾马，其实如果只是想学会而不是日行千里的话，并不难。”

“我若是想要日行千里呢？”我狡黠地望着韩岑问道。

“日行千里也要一点一点来。来，我先教你上马。”他道，这时他才瞥见我的马，又接着道：“你竟然选了这匹马。”

“这匹马可好？”我轻轻摸了摸它那一身雪白的毛，问韩岑。

“这匹马，是我第一次征战时骑的马。唤作‘追风’。”他道。

“那你如今为何不把它带到军中去？是它不乖吗？”我带着好奇继续追问道。

“不是。它好极了，临危不惧，速度也丝毫不逊色于汗血马。我只是心疼它这一身雪白的毛发。当时第一次骑着它，撤军的时候，它双腿上都已经染满了血渍。那血渍染在白色的毛上，实在令人触目惊心。当时，我都不忍心多看它一眼，亲自把它带到河边，为它洗澡。后来，我便把它送到我朋友这里来，嘱咐他好好照顾它，再也没有带它上过战场。”他娓娓道来，目光中闪烁着柔情。

韩岑显然是至情至性之人，对待一匹雪白的马，都能够心疼至此。

我再转头看那马，觉得它愈加可爱了。我抚摸着它的毛，轻轻地念它的名字：“追风，追风，我是湄儿。”它竟好像能够听懂我在叫它一样，回过头来望了我一眼。

“好了，我先教你上马吧。”他轻盈地翻上马背，为我做示范。

我看了一遍，然后自己尝试但并没有成功。我无助地朝着他耸了耸肩。

“白门，你回忆下刚才我拉你上马的场景。”他对我的称呼已经从“白门姑娘”变成了“白门”，我不禁心生欢喜。

“刚才，不只有我脚蹬地的力，还有你拉我的力。而如今，你拉我的力却没有了。”我直言道。

“把手给我。”他的语气霸道得不容置辩。

我缓缓伸出手给他，他握着我的手，把我的手放在了马鞍上，道：“你拉着这里，就当是拉着我的手，然后借着这个力，试着翻上去。别怕，我在这里保护你。”

“嗯。”我点了点头。右手紧紧抓住马鞍，有一瞬间稍稍有点吃力，但是随后便轻松地翻上了马。

学会了上马，驾马和勒马都显得非常简单。

时间不知不觉已经到了下午，我与他在马场主人那里吃了些清新的小菜，他便送我回了倚月楼。临别时，他还不忘提点我：“白门，你很聪明。该教你的都已经教给了你，剩下的，就要靠你自己在练习中摸索了。我朋友那里，你随时都可以去，我已经同他说好了。”

“韩公子，今天真是多有劳烦。不如，进来饮杯茶吧。”我实在舍不得他离开。

“今日学习骑马已经很累了，还是早些歇息吧。天色已晚，在下也要早些赶回去。”他终究还是拒绝了我。

“好。再会。”我转身进了倚月楼，并没有回头再去望他。

换了衣服后，我便坐在书案前，给朱国弼写了一封回信。大意是说能嫁给他实在是荣幸之至，可是现在还没有做好嫁人为妾的准备，望他包涵。

与韩岑在一起的这一天，我已经确定，我所爱的人就是他，无疑。

我拒绝了朱国弼的传闻很快就被母亲知道了。从未来过倚月楼专程看望过我的母亲第二天便来到了倚月楼。

“湄儿，你是怎么想的？为什么拒绝朱国弼？”母亲一进我的卧房便用质问的语气问我。

“你是怎么知道消息的？”我反问母亲。

“自他下求亲的帖子的时候我就知道了。当时我并没有来找你，是因为我觉得你自己可以作出正确的决定。没想到，你做的决定却是拒绝。所以，我是不得不来这倚月楼问问你的想法了。”母亲的语气里不无愤怒。

“娘，我并不喜欢朱国弼。你又怎么能够知道嫁给朱国弼就是所谓正确的选择呢？”我言语犀利，这样问母亲其实已经有些失礼。可是这些话，我却不得不与母亲讲清楚。

“湄儿，你竟越发像男孩子了。”母亲轻轻叹了一口气，接着道，“我不知道嫁给朱国弼是不是正确的选择。但是至少，他对你体贴关心，又有足

够的能力替你赎身。最最紧要的，是他愿意一纸聘书求你作妾。”

我没有接话，用沉默抗争。

母亲见我不言语，又道：“湄儿，你说，一个风尘女子，有人愿意娶已经是大大的幸运，你还图什么？”

她话里的“风尘女子”四个字深深地刺伤了我。

脑海里回想起韩岑面对我时的笑脸，那么单纯那么干净。我都不敢想象他是否敢面对与我在一起时要面对的复杂境况。况且，他还未必肯去面对。

呵！我一个风尘女子，还能图什么。

第三节 明月照鸣蝉，我心无人见

母亲并没有离开倚月楼，反而是在倚月楼住了下来。

其实我并没有多不悦，虽然她每天都会对我管手管脚，都要提起我拒绝朱国弼是多么欠考虑的行为。可是，母亲住进来后，我倒是觉得这倚月楼多了些人气儿，不再像从前那样，就只是一个接客熬日子的地方。

如今，与母亲一同用餐，饭后进行偶尔伴随争吵的谈话，也比原来的一派寂静好太多。

已经入了夏，天气渐渐闷热起来。母亲对我的抱怨也愈发多了起来。对于她的抱怨，我通常唯唯诺诺并不过心。

那封拒绝的信函发出三日之后，朱国弼便再度造访了倚月楼。

依旧是那套礼数，金箔帖子，耐心恭候。

我见他的时候，他一脸悲伤，一见我便道："白门，是不是我哪里做得不好？"

"不是。"我忽然有一点内疚。

"那是为了什么？"他恳切地问。

"因为，因为我实在还没有准备好。"我实在不是编谎话的个中好手。

"那，你可否再考虑考虑？"他沉默了一会儿道。

"好。"我沉声道。

他递给了我一张更加精致的帖子，我不必打开就已经知道里面无非也是写着求亲的话。"那朱某先告辞了。"他说罢便起身离去。

母亲从门后走出来送他，我远远能够听见她在对朱国弼说："湄儿终究是小姑娘害羞，其实她心里，是一万个愿意的。"那声音渐行渐远，我也

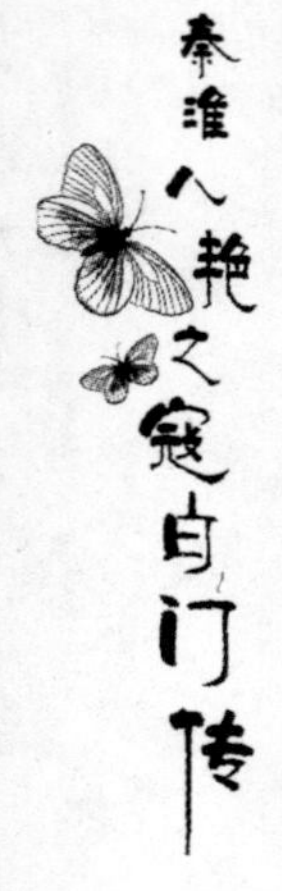

只能听到这么多。至于朱国弼的回答，我是怎么也听不清楚的了。

母亲送走了朱国弼便回来劝我：“湄儿，他还愿意提第二次，就足以说明他还是有诚意的。这一次，你若是再拒绝，可就是不识抬举了。”

“我知道了，娘。”我依旧唯唯诺诺。

又是一个难眠的夜。

其实朱国弼的好，我不是不懂。论身边有能力为我赎身，并且愿意娶我，同时又周到、体贴、值得托付的人，也就只有他一个人而已。虽然我看见他眼眸里悲伤的神色，也会有满满心疼。可是那更像是一种偏重感激的情感，我对朱国弼并没有爱情。

我之所爱，自然是韩岑。然而，韩岑是不会娶我的。此时此刻，他爱不爱我我都不能确定。即使他爱我，但由于他是朱国弼的侄儿，他与我在一起，朱国弼定然会百般施压。即使朱国弼不施压，单他一个人，赎身费本身就是最大的问题。怎么看，我与韩岑都不可能。当然，我也可以选择等他，等到他有能力的那一天。可是要等他，付出的代价就太大了。我自知无力负担。

其实，母亲喋喋不休的劝告是对的。除了朱国弼，我无人可嫁。

纵然我知道自己等不起韩岑，可是若是韩岑也爱我，此刻我却嫁朱国弼，那我是无论如何也不能原谅自己的。我这一生，除了生来时就已经注定的娼妓身份，我所做之事皆是由自己决定，即使最后是悲剧结局，我也绝不后悔。爱情和所谓的归宿，我还是会选择爱情。说真的，我并不害怕没有归宿。

即使最后徒留我一个人，我也可以坚强地走下去。

母亲催逼得愈加紧了。她叫我快点允了朱国弼，也好无后顾之忧。她自然不知道韩岑的事，也不知道我心里其实并没有那么急于找一个可以托付的人。

我决定亲自去问一问韩岑，他对我，究竟是否有爱意。

母亲对我的看管愈加严了。此外，如果我嫁与朱国弼，那么我与韩岑的心意，还是知道的人越少越好。最终，我选择了在夜里去找他。为合礼数，我还是提早给他写了信，告诉他我到他府上的确切日期和大概时间。

那日，我着了一身纯白色长裙，裙摆上绣着几点桃花，那桃花的粉色由浅入深，煞是逼真。远远望去，就如同几朵桃花落在了裙摆之上。我又擦了极淡的胭脂。浓妆总是不好衬白色的裙子，素颜却又少了几分明艳，所以，淡妆是最恰当的妆容。

斗儿已经吩咐人偷偷地为我备好了轿子。我绕过母亲的房间，从另一侧下了楼。

坐在轿子里的时候，我一直在盘算着该如何与他说话。然而，始终想不到一个既委婉又能让他确切明白的方式。罢了罢了，一切只明说便好。

远远地，我便看见在轿帘外等待着的他。他也正在望着我，仍然是那日好看的微笑。我想回给他一个笑，却怎么也笑不出来，只得抿着嘴向他点了点头。

轿子落在了韩宅的大门前，我掀开轿帘走下去。韩岑竟自然而然地走过来牵我的手，用很低的声音说："白门，你今天好美，就像仙子一般。"

这么多年来，有那么多人赞我美丽，然而说我像仙子的，却只有韩岑一个人。是啊，除了他，又有谁会把青楼女子与仙子联系在一起呢？

他引我进门去，又亲自替我倒茶。我明白，他这一系列动作无非是告诉我，他想我。我来他处，他也是怀着万般期待的。然而我没有问，你如此想我为何不去倚月楼找我？莫非，你嫌弃那里是风尘之地？若是如此，你何不将我一并嫌弃？又何必见我？

这一切的一切，我没有说。我默然喝了口茶，然后切入正题："韩公子，你可知道，你叔父有意纳我为妾。"

他迟疑了片刻，答："我确实听说过一二，可是当时是来自街头传闻，不知是真是假。如今听你这么一说，倒是真的了。"

我又道："其实，我来找你，是因为正在犹豫。"

此言一出，我们二人陷入漫长的沉默中。他没有去接我说的话，而我，也不知道说什么好。

过了半晌，他将身体靠近我，轻轻地拥抱了我，在我耳畔轻声道："那

白门你怎么想？”

我也将双手环过他的腰，把头靠在他肩膀上。忽然之间，我竟然很想哭，此时此刻我明白他对我也是有感情的。只是我不知道那感情有多深。是只是蜻蜓点水的喜欢，还是如我一般已经决心只要对方说不要就拒绝最好归宿的深爱。我终于问出了那句实在算不上矜持的话：“你若说不嫁，我便不嫁。”

他并没有说话，反而不再抱我，而是端正地坐在我身边。他拿起自己面前的茶杯，徐徐饮了口茶。

我双目炯炯地望着他，又重复了一遍：“韩公子，你若说不嫁，我便不嫁。”

“白门，我说不嫁，你便不嫁。你不嫁了又如何呢？你可曾想过？”他也回望我，眼睛里布满血丝。

我万万没想到，他给我的是这样的回答。我什么都没有说，站起来，转身走出了韩宅。我走得很慢。可是，他并没有叫我的名字，也没有赶上来为我打开韩宅的大门，没有告诉我白门我喜欢你。我就那样又坐上了来时的轿子，回到了倚月楼。

他说的都合情合理，只是，在那样的言语下，我觉得整颗心都凉了。

第四节　八抬大轿 一城星辉

返回倚月楼时，母亲正坐在正厅的桌子旁候着我，见我回来，便站了起来，语气里满是气愤："你去哪里了？"

"娘，明日我便会给朱国弼回帖子，告诉他我愿意做他的妾。"我并没有正面回答母亲的问题，而是说出了我在轿子里作出的决定。韩岑让我心寒至此，我还有什么可以希求？再说，他说得又何尝不对，即使他说不嫁，我拒绝了朱国弼，又能如何呢？百万赎身费不说，我们若是在一起，韩岑的仕途也就此毁了。朱国弼会在他前进的路上道道设阻。也许爱情于我可以胜过一切，然而于韩岑却一定不会如此。

"湄儿,你怎么眼神飘忽？"母亲见我同意嫁给朱国弼,语气也转为关切。

"我没事，不过是晚上出去走了一圈，有些累了。娘，我先回房睡了。"我的确在一瞬间感受到了袭来的困意。

第二天一早，我便坐于书案之前，用娘准备好的红紫做封面的帖子给朱国弼写了一张郑重的回帖。母亲就站在我的身边，我写好后便直接把那帖子给了她。她的脸上瞬间浮现出了欢天喜地的笑容。我看得出，她并不只是想给我找个去处，更多的是觉得朱国弼是诚心对我好。

诚然，朱国弼没有半点不好。除却家底丰厚，他这个人本身也的确有不少闪光点：温文尔雅，礼数周到，细心谨慎。喜欢上他，也确实不是一件难事。

他很快便亲自造访倚月楼，同时带来的，还有十余箱聘礼、一身量身定做的喜服。他彬彬有礼地与我母亲商量着具体的事宜，还有成亲的日子。

那段日子，我只觉得由内而外的疲累。整日整日地躲在房间里读书，很少出门。

成亲的日子，是两个月之后。

初秋的夜，还是有一点凉。

轿子外面的风时不时地掀起轿帘，透过薄纱，隐约可见盛大的火光和幢幢的人影。无数次从武定桥上走过的我，都会去看那三个桥洞里的月影，然而今天的月光只怕也被火光掩盖了吧？

“小姐小姐，武定桥上好热闹啊，我长这么大从不知道五千人的队伍是什么样，竟能排得这样长！”我听着斗儿兴奋的声音，想象着她捋着羊角辫歪着脑袋一蹦一跳的样子，忍不住伸手想要掀开盖头看看。

“哎，可惜新娘子提前掀盖头是不吉利的。不过小姐放心，斗儿定会帮小姐瞧个够的。”我听得出斗儿语气里满满的欢喜。

我听着斗儿那认真又惋惜的语气竟生生顿住了伸出的手。我是怎么了？我不是一向不遵礼数不拘小节么？怎么这么迷信起来？

毕竟，今日是我此生唯一一日，迷信一次也不妨。

“只恐夜深花睡去，故烧高烛照红妆”。没来由地，我想起了苏东坡贬谪时的两句诗。自从答应他的求亲后，我一直担忧他如“三月春风，暖人心怀”的一切会否只是表象，然而这担忧终于在此刻的秦淮河畔烟消云散。身为烟花女子，若是能得一人对我似那深夜海棠般呵护，难道还不值得托付终身吗？

秋凉的河水透着冷意，风也凉爽得很。那轻轻吹来的风，冲淡了人群的喧哗，朦胧了伪装白昼的火光，提醒着夜真实的存在。歌妓从良必须夜间进行的金陵旧俗在秦淮河畔广为人知，是每位歌妓心头的感伤，然而此刻我的心里却如今夜的星空般璀璨，如明日的朝阳般温暖。

朱公的深情，我懂。

尽心竭力未必不如改天逆地，身为堂堂国家重臣，若他不是从心底想给我一份尊重又怎会如此体贴一介歌妓的心意？我心里对生来即为娼妓的介怀，想必他是懂得的。否则他又怎会用这五千明火在夜间为我构起一方亮如白昼的天空。想到此处，我又动容不已。从醉酒后的冰糖莲子羹，到频频被嘱咐亲自送到我手上的帖子，再到今天这前无古人的盛大婚礼，他的深情，我又怎能不懂？

我与朱公虽相知不长，他却给了身为歌妓的我于别的女人一生难及的风光，不管他将来能否始终如一，此情此景我定会终生铭记。

金陵城里的桥很多，一路上花轿都是轻轻柔柔地攀上去，小心翼翼地荡下来。盖头之下，是一片黑暗。偶尔能感受到火把在摇摇晃晃，可是我终没有敢碰触我的盖头，哪怕只是掀开一个小缝。我在心里默数着离开湘门楼多少步了，脚下的一块块石板我似乎都能回忆起它们的样子。一块又一块，仿佛我十七年的人生也便是这样一步一步走过来的。虽然只是侍妾，我仍然想一下子扑到他面前，告诉他，谢谢你，给了我一个真正属于我自己的家。

漫天的唢呐声中，轿子轻轻落地，几声震天的礼炮压过了高昂的唢呐，耳中直听到被礼炮声惊得四散的叫嚷，叫嚷中夹杂着欢喜嗔怪和艳羡。这番热闹不同于秦淮河晚上的莺歌燕舞，却让人心中说不出的快活。

门口那个高喝着“发喜钱嘞”的想必就是朱府的管家。我不由得好奇地从盖头里睁大了眼去瞧那朦胧的一切。这里就是我以后将要生活的地方。

我的轿子只停了片刻，便绕过了正门，从朱府的边门越过门槛跨了进去。转弯的那一刻，我的心里一黯，但我咬牙想着，无论是从哪个门进，我终是进来了，无论是妻是妾，只要朱国弼爱我如今晚的灯火，我便嫁得值得。

我并不知道，在我的花轿走远后，桥上结伴归家的行人不仅议论着羡慕着这场盛大的婚礼，也在感叹着讽刺着内忧外患风雨飘摇的大明还能持续几天这样纸醉金迷的夜晚。

朱国弼精心为我准备了单独的院落，亭台水榭无一不缺，水中央一座八角小楼，斗儿告诉我牌匾上写着“琼楼”。“玉树琼枝作烟萝，几曾识干戈。”我明白他的好意，却心中微有不喜和犹疑，家国存亡之际，我难道是耻作奢华，不知今夕何夕的女子？他难道是不思报国，徒念闺情的儿郎？内屋陈设典雅富丽，金玉满堂，迷香阵阵中，我也感到那一份大山将倾之际不

可承受的奢华压力，但此刻，我仍然自私地想要做一回享受自己一生重要时刻的女人，沉醉在他为我筑造的金屋玉殿之中。

朱府深宅大院，回廊曲折，当我枯坐良久，耳中仿佛传来遥远的街上敲起的三更的铜锣，我虽还是不想掀开盖头破坏几个时辰的忍耐，但终是忍不住撩起裙子，像过去在自己的绣楼中一样猛地抬起身又坐下，上下来回几次活动自己的腰腹。正在我做着粗鄙调皮如男儿郎般的动作时，房间的门吱呀一声开了，他走了进来。我赶紧恢复端坐，想着他一定喝多了酒不会注意到我的失态。

他一言不发，我只感到一深一浅的脚步向自己靠近。忽然，一个人倒在了我的身上，醉醺醺地抱着衣衫繁复且整齐的我一个打滚翻倒在了床上。“白门，如今你可是我一个人的了。”他的声音模糊而无力。

等待的几个时辰中，我曾想过无数次与他相见的情景，想象着他会轻轻掀开我的盖头，温柔无比地叫我一声：“娘子。”又或者他会含情脉脉地看着我说：“今天你真美。”又或者他带来了酒与杯，倒了两杯，与我对月盟誓。然而这些都没有发生，我的盖头没有人去掀开，而是被他扑倒在一旁，他恍若昏睡似的趴在我身上，又滚倒在我身边。那句“白门，这下你可是我一个人的了”却让我安心无比。他喊的是“白门”，他并未像有的风流公子哥儿新婚之夜叫错了名字，他确是对我说的。

他想要我成为他一个人的白门，这便够了。

这，便够了。

第四章

今日只因勾践死，难将红粉结同心

爆竹声飞，屠苏香细，华堂歌舞催春。百年涉世，
经半已凌人。念我功名冷落，又重是、一岁还新。
惊心事，安仁华鬓，年少已逡巡。
明知生似寄，何须苦苦，役慕蹄轮。最难忘、通经
好学沈沦。况是读书万卷，辜负他、此志难伸。从
今去，烟窗勉进，云路岂无因。

第一节　彼时金银梦，今日枯枝心

琼楼周围，种了一大片菊花。而今正值初秋，正是菊花盛开的花期。那一片菊花亭亭盛开，簇成了一片淡黄色的海洋。远远望去，似乎是一条黄色的丝带绕着琼楼而生，煞是美丽。早就在《诗品》中读到过，心素如简，人淡如菊。不知朱国弼是不是取了这层意思，在这里种了许多朵菊花。想到这里，心里不觉有些甜蜜。他用这琼楼玉宇，以及这琼楼中的菊花告诉我，虽然他极尽奢侈华贵，心却仍然淡如菊花。

朱国弼对我极为宠爱，每日办完公事便会来这琼楼看望我，静静地听我抚琴。我每次为他抚琴，总会想起我第一次为他抚琴的情景。那时他听到激昂处，半眯着眼，沉沦其中的样子，我至今记得清清楚楚。当年，他赞我琴声如妙音。

琴声能如妙音，是我于弹琴上一直想达到却未曾达到的目标。虽然我未能听出我的琴音有质的飞跃，可是朱国弼这个旁观者说的总不会错。况且，他又不知道妙音曾经是教我抚琴的老师，绝不可能是为了奉承我而说的。

朱国弼日日前来，自然招来朱府其他女眷的妒忌。虽然我总是谦卑于人前，却仍然无法平息她们对我的嫉妒。

那日他来，我犹豫了许久，终于对他说："老爷，以后来得还是不要那么频繁了吧。"这是我嫁给朱国弼的第三个月，他对我热心不减，我很感动。但是为了能与朱府的其他人好好相处，我还是说出了这句话。

"为什么？"朱国弼的语气里满是不解。

"因为，朱府毕竟有那么多佳丽，你总是来我这里，总归是不好的。"我说着垂下了头。

"傻丫头，她们哪能和你相比。"朱国弼说着揽我入怀。

朱国弼一句话，甜到了我的心坎里，我不再说话，伏在他的怀里任他亲吻。

那段恩宠无限的日子，大概是我生命里最最幸福的时光。即使，那段幸福是那样没有真实感。

太过幸福的日子总不会太过长久，我竟然没有料想到，终有一日，朱国弼会冷落我。我枉读了那么多书。

嫁给朱国弼一年之后，他便来得渐渐少了。我终日与斗儿为伴，在那琼楼之内赏花种草，在那奢华的书房里读书抄书。从前在倚月苑，过的便是那样的日子。不同的是，从前的我从来不觉得寂寞，如今的我却被寂寞清冷折磨得异常憔悴。

人，在没有经历过温暖之前是不会觉得寒冷有多可怕的。最最可怕的，是先给你许多温暖，然后再一点一点地把那些温暖抽离。

如今的我，就处在那样一种寒冷之中。

崇祯十六年我的生日，他忘记了。

那日，斗儿吩咐厨房为我煮了长寿面。我并无心吃面。

斗儿倒是乖巧伶俐，知道我心里在想什么，道："小姐且不要担心，现在时候尚早，老爷想必还在忙着。再晚些的时候，他会来的。"

"想必，他是不会来了。我在他心里，不过是一时的玩物而已。"说罢这句话，我突然委屈地想哭。

"小姐，你怎么能这样说？当年他在你身上花了那么多心思。第一次听你抚琴之前，他还偷偷把我叫到一边，问我你师从何人。"斗儿在一旁安慰我。

我听了她的话一愣，问道："你告诉他我的老师是妙音了？"

"是啊，鼎鼎大名的妙音姑娘，谁人不晓。"斗儿至今提起妙音，语气里仍然是满满的仰慕。

然而我听到斗儿的话，心里却一紧。当年，朱国弼的一句"白门姑娘可曾听过妙音姑娘"我至今记得清清楚楚。他已明知妙音是教我抚琴的老师，问出这么一句，实在是让我的心凉到了谷底。他对我的赞美，也不过是讨好

而已。这朱国弼，到底是混迹官场多年，城府实在是深。当年，我竟当他是能够听懂我琴音的知心人。如今想来，当年的我是太傻了。

那一日，我等到天黑，朱国弼也没有出现在琼楼。

我静静地站在门外。琼楼很静，静得我似乎可以听见时光像水一样在我耳畔流过。大脑一片空白，双眼直直地望着琼楼的入口处。属于黑夜的寒凉一点一点地侵入了我的衣衫，可我仍然站在那里，没有丝毫移动。我几乎可以感受到天是一点一点黑下来的，就好像是层叠而下的黑纱。起初，那黑纱还是透着一点点光的，渐渐，那透出来的光越来越暗，最终，光一点也看不见了。

心里怀着的一点点带着光亮的期望也完全熄灭了。

朱国弼，朱公，老爷，你究竟在哪里？你可记得去年生日时，你刚刚娶我进门，不惜重金请了全金陵城里最好的戏班子，宴请了金陵城的达官显贵为我庆生。而一年之后的今天，你竟连我的面也不见。

我用极其缓慢的速度转身，然后一步一步走到床上。并没有更衣卸妆，我便躺了下来。我突然有一点后悔自己遣走了斗儿。这房里静得可怕。如果她在，至少还可以陪我说说话。

我独自躺在宽大的床上，怎样也无法入睡。我能够感受到，冰冷的泪珠自我眼眶中流了下来。我还是哭了。我心里是怨朱国弼的。可是，我更怨的却是我自己。怎么当初，就相信了他？相信一个圆滑世故的人会真心爱我？

嫁给朱国弼整整一年，其间我都没有与韩岑联系。我与斗儿困在这深闺之内，也无从知道外面的事情。就连韩岑现在如何了，我也无从得知。

缓缓闭上双眼，脑海里最先浮现的，居然是追风——那匹通体雪白，只有脑后有一缕鬃毛是黑色的马。那匹韩岑第一次出征时骑着的马。他的手拉着我的手，我们一起翻上追风的马背。

想起韩岑，秋夜深不见底的寒凉里，似乎有了一点点温热。

即使那点温热从不属于真实，却也足以支撑一个夜晚的安眠。

第二日，我实在忍不住，走出了朱府。穿越了半个金陵城，到母亲那里去。

母亲见到我，仍然是惊讶的神情，这一年来，我与她几乎没有任何联系。深闺大院中，传得出去的，是那些风光荣华，传不出去的，是那些藏于深处的点点辛酸泪。母亲不知道我过得不好，也是自然。

可是母亲一开口，我才明白，原来我受的冷落，她早就知道。也许，她只是惊讶我竟然来找她。她用怜惜的神情望着我，又牵过我的手："湄儿，你受的苦我都能明白。可是现如今，并不是你离开朱府的时候。"

"你竟明白？"此番惊讶的人，是我。

"那朱国弼整日流连于明月坊中，整个金陵城的人都知道，我又怎会不知？"母亲的话里带着些许不平，可是更多的，还是忧伤。

听了母亲一席话，我竟然说不出话来。明月坊，我终于明白。终日流连于烟花柳巷之中，自然想不起哪一天是哪一个人的生日，自然不会回来见我一面。

我还是在母亲处住了一晚。第二日母亲便亲自将我送回了朱家。回去的时候，朱国弼根本不在府里，他甚至都不知道我离开朱府这件事。

母亲说得对，我跑出来，非但不能唤回朱国弼对我的宠爱，反而会惹恼了他。一年都没有出过朱家的我带着斗儿离开了朱府，倘若他对我还有一点点在乎，也当回来看一眼。他若还当我是朱家的夫人，就不可能不让人去告诉他我的动向。他连此事都不知道，说明他已经全然不将我放在心上。如此，在外面看来我还是朱家的夫人。朱国弼若是发现了，总是会觉得没面子。那么，我和母亲的日子也绝对不会好过。

其实，我回朱家，还有一个原因。那个原因，我自己都不愿意承认。那便是，在那些他对我百般恩宠的日子里，我已经爱上了他。或者，那不是爱，只是依赖和感激。我总是这么骗自己。可是如今离开，我才发现，即使在朱家的日子已经没有一点快乐可言。我还是怀着不舍。我知道，我舍不得的就是他，朱国弼。

第二节　大火焚京城，南都是金陵

明崇祯十七年暮春，闯王李自成攻破京城，崇祯自缢。

据说李自成小时候上过私塾，先生让他以螃蟹为题写一首诗。他的诗作中有这么一句："一身铁甲任横行"。当年他从陕北那个不知名的驿站中失意离开的时候不会想到，他会以这样的方式进入这个庞大而虚弱的帝国的心脏。看着之前那些高高在上的官僚老爷们现在像蝼蚁一样在自己的脚下瑟瑟发抖，看着那些远在天边的财宝美女像敝屣一样堆在自己的眼前，义军领袖们的眼睛都红了。

这些都是我的，都是我的。

那些所谓的民军领袖，不过是几个农民罢了，终究上不了历史的台面。

李自成和他的民军疯狂着，一直疯狂着，直到消息传来——吴三桂打开了山海关，降清了。

既然得不到，那就毁了它吧。北京城燃起冲天大火，映着农民们眼中的血色，经久不散。

这片大火中，有崇祯弥留之际苍凉的目光，有无数战士家属撕心裂肺的哭号，也有李自成和他麾下农民的狂笑。

那是一个嘈杂的世界，可是却透着一股阴冷的寂静之感。

消息传到金陵城来的时候，已经是崇祯自缢的第二十七天后。

这个消息是我去参加复社的集会时知道的。我听闻时，这个消息还没有正面传到金陵来。我坐在回朱府的轿子上看街上的商贩。他们依然来来往往，叫卖吆喝。行人依然熙熙攘攘，步调悠闲。他们，还不知道他们所生活的大明朝已经灭亡了；他们，还不知道勤政了十几年却无力回天的崇祯帝已经离开了人世；他们，还不知道用他们所交的税所购置的金银细软已经被一把火烧成了灰烬。他们，就那样安然地享受着，丝毫没有察觉到危险的逼近。这个朝代的人也就是以这样的姿态，走进了自己的坟墓里去。

复社里有人说，李自成那一把火烧了三天三夜，我并不相信。一把火若是烧了三天三夜，还有什么可以剩得下。可是远在京城的人，还是有那么那么多选择留在了那里。或者说，他们根本没有路可以走。

宣布这个消息的那天，我看见了韩岑。一年来，他的样子并没有改变多少。很显然，他也看见了我。但是，他并没有过来打招呼。我的身份，他是知道的。更何况，就算是他走过来，又有什么话可说。而我，又如何应对他。虽然没有说话，但是他一直远远望着我。目光复杂。

我纵然自认聪明，可是却无法读懂他的目光。此时此刻，那目光里似乎有深深的思恋。可是我并不敢确定，怕自己自作多情。那目光里又似乎有无限惋惜，朱国弼对我的冷落，想必他是知道的。毕竟，当时劝他不要流连于烟花巷陌的人正是韩岑。又或者，我把儿女私情想得太重要了，他的目光里，其实是对大明王朝满满的缅怀。

回到朱家，我还是去找了朱国弼。我已经一个月没有主动找过他，我知道他此刻在府里。我带着斗儿走进了他的院落，坐在外厅，待他的随从通报后才能见到他。真是今非昔比，若是换了那段我刚进门的日子，每次我快要走到门口的时候他的侍从便会去通报。然后我就会看见朱国弼快步走出来迎接我，带着一脸欣喜地对我说："白门，你来了。"

而今日，他正坐在书案旁不知道在看什么，头也不抬地对我说："有什么事吗？

"大明已经覆灭，妾身来问问老爷的看法。"我恭恭敬敬地站在他面前，平静地说。

"你怎么知道得这样快？"很显然，他是刚刚才知道消息。他手里正在看的东西可能正是通知他这个消息的文书。

我微微一笑："既然老爷可以知道，我自然也是可以知道的。"朱国

弼的脸色稍微的一黑，我可以看出他脸上的愕然，朱国弼是最看不起女子讨论政治的，多少次曾经对我怒吼过，而此刻的我，脸上是那样的淡然，那么平静地与他讨论着国家的覆灭，这怎么能不让他愕然？

“这……夫人自然就不必过问了，我有我自己的打算，夫人还是去关心点其他的事情吧，你还有什么其他的事情吗？”朱国弼的脸上有些微微的愠色，转瞬便低下头继续看他的文书。但须臾，又重新抬起头来，“夫人这么久未曾与我见面，难道没有其他要与我诉说的吗？”

“既然老爷你有自己的打算，也不愿意与我诉说，我也就没有什么其他要与你说的了。”说完便起身离开，脸上仍旧像是平静的湖面，没有泛起一丝的涟漪。

“你给我站住！”他像是受了强烈的刺激，一下子拿起手边的茶杯摔了个粉碎，“你一介女流之辈，做好自己本分的事情就好。你看看你现在对我是什么态度，我是你的夫君，夫为妻纲，我说什么便是什么！”

“难道夫君没有听说过‘天下兴亡匹夫亦有责’这样的话？国家危难时，每个人都有义务与责任为我们国家的重振出谋献计，古人云‘国必自伐，然后人伐之’。”朱国弼显然像是受了巨大的耻辱般，他脸上因为愤怒，表情有些扭曲，“你给我出去！给我出去！”

国家形势一日比一日紧张，我急得像是热锅上的蚂蚁，复社的集会次数渐渐频繁起来，每次集会，义士们都是慷慨激昂，誓死要夺回大明的国土，肝胆之气让我颇为感动。

而事情并没有向好的方向扭转。没多久复社消息便传来，说朱国弼与阮大铖之流在忙着组建南明小朝廷，这无疑是一个惊雷般的消息，一下子就炸开了锅。

我的心寂寥如一片死灰。

到如今，我对着镜子，看着镜中的容颜，似乎憔悴了些许，夜对愁眠又含愁醒来，这样怎能不憔悴？斗儿看着我空洞的眼神，亦是满脸的愁云。

“小姐，有几句话，我觉得你一定要想开了。国难当前，小姐你茶饭不思，你这样下去，身体早晚要垮掉的，若是每个人都像小姐这般．那我们不就亡国灭种了？我们的国家就这样永远地落在鞑子手中了。小姐，韩公子说得好，我们要振奋起来，把我们失去的国土抢夺回来，咱们大明朝是不会就这样亡了的。”听斗儿这样一说，我的心里顿时有了些宽慰，没想到斗儿虽然没有读过几年书，见识却不少。

“嗯，斗儿你说得对极了。”我用赞赏的眼光看着她。

“小姐，我以前听过这样的一个故事，在我的故乡有个姓王的大户人家，家产万贯，十分富足，原本幸福的生活却在一夜之间倾倒。一天夜里王家发生了一场大火，那火是如此的猛烈，把万千的家产一烧而光，王老爷也被活活地烧死了，家里的地契因为被烧光的原因，被另一个大户李家夺了去，王大少爷看着家里满目疮痍一时间心灰意冷，出家当了和尚，王大少奶奶在丈夫出家后的第二天，上吊而亡，只有小少爷和小少奶奶俩人，并没有因此而放弃对生活的信念，他们在烧成木炭的土地上搭了个草棚，辛苦度日，王家小少爷在李家做长工，干最苦最累的活儿，就这样苦苦的挣扎了十几年，情况终于有了转机。李家由于骄横自傲，整个家业慢慢地也就这样败了下去，又是几年，小少爷把之前的田产一亩亩买了回来，王家又重新振兴起来。小姐，所以我们不能只看到现在鞑子神气活现的样子就自暴自弃，我们要学会忍住这一时之气，慢慢的与他斗争，终有一天，我们失去的国土全部都会回来的，大明朝不会就这么亡了。”

我有些错愕，更多的是震惊，我没想到这样的大道理来自于一个没有读过几年书的小丫头，而我寇白门一向以饱览群书而自居，竟然还需要一个小丫头的开导，我顿时觉得有些羞愧，身上了有了些干劲，大明王朝不会就这样完结的，我们的江山社稷不会就此为止，不会就此善罢甘休的。想到这些，我长吁一口气，几天来的阴霾一扫而光。

弘光元年，弘光小朝廷建成，朱国弼被封为保国公，而我顺理成章地成了保国公夫人。朱国弼的心里始终在怀揣着一个短暂而美好的南都梦，可是我却清楚地知道，那只是一个短暂的梦。

那一日，金陵一路上张灯结彩，我坐在马车里看着金陵的盛况不知道是喜还是忧，街上人来人往，大家都在庆祝着此时的繁华与喜悦，默默祈祷着，希望这样的繁华可以继续下去，不是南柯一梦。

我坐在马车中，忽地就想起了大婚那日，我坐在马车上要下来时，朱国弼牵过我的手，十指紧扣在一起，那时的他对我是如此的体贴与爱护，他牵着我的手看着我的眼睛，认真而温柔地对我说，“这样牵手叫做‘同心扣’，据说这样牵手的人，一辈子都不会再分开了。”

想着这些话，我把自己的十个手指紧紧地扣在一起，外面人山人海热闹非凡，马车内的我却早已潸然泪下。时间真是白云苍狗，才一年所有的一切都改变了。

第三节　姬妾成群

南明小朝廷建立之后，只带来了短暂的安稳，没过多久关于敌军的消息就像腊月的片片雪花，翩然而至。

当时的清朝八旗，是世界上最精锐的军队之一，极具冲击力和机动性。皇太极、代善、阿敏、多尔衮、多铎，也确是一批罕见的优秀骑兵统帅。关宁铁骑之后，再无明军可与之正面相抗。京城失陷，江北再也无险可守。加上吴三桂甘为先锋，冲锋陷阵。所当者败，所击者破，下七十余城。

此时的朱国弼，再也没有了当年的野心，他开始更加频繁地纳妾，流连于章台柳之间，我常常看见他怀里搂着各色各样的女子，在庭院的听雨轩里潇洒肆意地喝酒，周围的女子明艳动人，她们懂得如何地讨好他，奉承他巴结他，而我从来不会这样曲意逢迎，我泪眼婆娑看着眼前的这一幕，开始知道自己错了。若是当日我没有答应嫁与朱国弼，那此时的我该是怎样的自由。

弘光元年四月，左良玉死，江防尽失。五月，扬州失陷，史可法殉国，多铎下镇江，合围南京。二年五月，南京陷落。

我坐在听雨轩里，看着细雨蒙蒙，感慨万千，果然只是南柯一梦。我拿起古琴，从容地为自己戴上银甲，手臂轻缓，悲壮的《满江红》响起。

怒发冲冠，凭栏处、潇潇雨歇。抬望眼，仰天长啸，壮怀激烈。三十功名尘与土，八千里路云和月。莫等闲，白了少年头，空悲切！

靖康耻，犹未雪；臣子恨，何时灭。驾长车，踏破贺兰山缺。壮志饥餐胡虏肉，笑谈渴饮匈奴血。待从头，收拾旧山河，朝天阙。

像是用尽了全身的气力一般，我的脑海里，想起了史可法的音容笑貌，扬州被困，他用尽了自己的全力，直到最后一刻，他定是站在城墙的最高处，指挥着怒吼着，顽强拼博着，直到最后一刻，一支箭射过来，他来不及躲闪，箭射入心脏，他整个人倒在血泊之中。想起这些我的心便在泣血，泪流不止，直到最后的一个音护甲生生的勾住了琴弦，再一用力，“崩”的一声巨响，琴弦瞬间断掉，泪水也像是被流干了，罢了罢了，知音少，弦断有谁听。

“小姐，不好了不好了。”斗儿忽然从回廊的一端出现，脸上一脸的焦虑，连伞都不打，身上有些微湿。

“发生什么了，斗儿？”

“小姐，不好了，刚才我在给老爷捶腿，忽然阮大铖阮老爷求见，我还未下去，便听得阮老爷说，新皇上被北兵抓走了，阮老爷还劝说老爷写降书投诚呢。”斗儿上气不接下气地说。

“什么，有这等事情？那老爷同意了没有？快说下去！”我攥住斗儿的手，让她继续说下去。

“老爷什么话也没说，只是在客厅里踱来踱去，”斗儿答道。

“那……那现在阮老爷走了没有？”

“刚离开一会儿，我便抓紧跑来通知夫人。”

“快，我要去见老爷。”我立马起身，往朱国弼的书房跑，也顾不得大雨打湿衣裳，此时的我心情是怎样的恐惧与不安。降城？那是要万世所唾骂的。

“老爷，我有一言相尽，这国家大事虽不是我等妇人该管的，但我还是要跟你进一言，公身为朝廷要臣，这投诚降清之举是万万不能做的，这是要被万世所唾骂的呀，以我之见，公应振臂一呼，号召臣民百姓，与‘索虏’决一死战！即使城破人亡，也算尽了臣子之忠，才有脸见先帝和列祖列宗于地下！”此时的我心情是如此的沉重。

“唉，你是不知此刻的形势啊，现在皇帝被北兵掳走，南京城被层层包围了，所有的兵力都在阮大铖的手中，我也是无可奈何啊。”朱国弼看了我一眼，深深地叹了一口气。

“那你的意思就是要做万古的罪臣，被万世所唾骂吗？古语云，‘皮之不存，毛将焉附’！没有了社稷，哪有臣民？只有先保住城池、国土，才有臣民的依恃呀！不战而降，是臣民的耻辱！”我像是憋了很久，这一下终于有了不吐不快的机会，我深切地知道，有些事情，若是做错了，便再也回不到从前了，我不想让朱国弼成为千古罪人，哪怕他不爱我，可是他毕竟是我的丈夫。

朱国弼一脸的愤怒，恼羞成怒地说：“又是这些话，我已经听了无数次了，再也不想听了，你给我滚出去，妇道人家开口政治、闭口国家像是什么样子！这是最后一次，若下次我再听到你跟我说这个，你就给我收拾好铺盖，滚回你的秦淮河，继续做你的妓女！”

原来在他心里，我仍旧撕不开妓女的标签。原来我只是他手里的一个玩物，他从来没有真心爱过我，我只是他博古架上收集的其中一个。心中巨大的屈辱与羞辱之感把我湮灭，我一个踉跄，双手扶住了桌子，手指用力地撕扯着，心口的血一滴一滴的流着，我紧咬着嘴唇，可还是无法抵抗来自心底的悲凉。

沉思了片刻，我收起了所有的悲伤与难过，目光变得平静到几乎没有感情，良久，道：“好”，所有的酸楚一瞬间向喉头用处，我努力地把流水强逼回眼睛里。

这一夜仿佛是度日如年，泪水打湿了大半个枕头。

八月，南京准备投降。

那一日下着瓢泼似的大雨，我以为自己已经心如死灰，可是，一想到这个，我的心还是会泣血。我擎了一把伞，站在雨中看着悲剧的故事在我的面前上演，可是我却别无办法，心里像是有一个地方漏水了，滴滴答答，心痛伴随着强烈的画面撞击，我几乎站立不稳。

我看着那跪在雨中的一个个降臣，柳如是的夫君钱谦益以及阮大铖，还有一众的降臣，整齐地跪倒在雨中，我号啕大哭起来，手里的伞被抖掉，

雨水冲刷着我，却仍旧无法洗刷我内心的羞耻感。雨越下越大，混合着我的泪水，冲击在一起。

忽然，城门之间一个着红衣战袍的女子骑着一匹白马，向城门奔驰而来，大红色的斗篷，腰间佩戴着一把宝剑，头上的两个雏翎飘然而至，我定睛一看，是柳如是！

柳子这样血性的女子，果然是无法忍受这种贰臣之举的，她用她自己的行动向众人证明，抗争的意义，我的心潮澎湃到了极点，为什么连我们女子都能知道的大义，这些受尽儒家文化教育的男子却将这些大义都弃之于不顾？我不懂！我恨，恨自己不是铮铮的铁血男子，恨自己不能上战场杀敌，恨所谓的夫为妻纲，恨这所有所有的一切。

只见柳子的马停在了城门口，她默默地向大鼓边走去，手里拿着鼓槌，“咚咚咚”地敲起城门的大鼓来，柳子的脸上是那样的平静，那铿锵有力的鼓声声声敲打在我的心上，我又想起了史可法誓死捍卫扬州的场景，我无可抑制地号啕大哭。

夜深了，朱府一片死寂，偶尔的几声寒鸦鸣叫，月光照在窗棂上，照着我惨白如雪的脸上，我从来没想过，南京城居然就这样不战而败，那虚意求和的身影中，赫然的有着曾经说着与我地老天荒的男子。

这肯定是一个笑话，一个巨大的讽刺。

国破家亡，宁死！宁死！我的心大声地呼喊着。

第四节 保国公深陷囹圄

十一月的时候，天气渐渐冷了起来，一说话，便可以看见自己的嘴里有淡薄的白气哈出来，可是天气再冷，怎么能比得上国破和爱人背离更冷？我的身体渐渐患了风寒，郎中来看过之后，开了几剂药草药，可是喝了几天仍然效果不大，剧烈的咳嗽让我觉得连肺都要咳出来了。

那一日我正在卧房里躺着休息，却听见外面一阵惊慌的叫喊声，还有官兵的怒吼声，虽是病体，却挣扎着起身。走到窗前，却正好看见朱国弼正在与几个官兵推搡。

“老头子，你给我老实点！”其中一个官兵面目狰狞，扯着嗓子大喊。

“我我我……我到底犯了什么罪？你们来抓我，我可是当今圣上钦点的功臣，你们敢把我怎么样！到时候让你们吃不了兜着走！”朱国弼大声回应着。

“什么？功臣？你这个前朝的叛徒！你还真心以为你投诚了，圣上就会重用你，异想天开的老东西！”说着，把一个枷锁套在了朱国弼的脖子上。听着官兵的那些话，我的脸一阵火辣辣，再也听不下去了，一把推门而出。

“你们住手！”我大喝一声。

官兵被我突然的呼叫声震了一下，手上的动作瞬间慢下来，“你是谁？”

“我是朱国弼的夫人寇白门，我家老爷到底是犯了什么罪，你们要这样对待他？”哪怕朱国弼再伤我的心，再让我心痛难过，他现在终究还是我的夫君，他白银两万两为我赎身，有些恩情我是断然不能忘记的。

“夫人，救我。”

见我出来，朱国弼大声地向我呼叫着，这一声似乎是戳到了我心底最

柔软的部分，大难之前，他还是选择了向我呼救。

“有人告发朱国弼谋反，我们今日是奉皇上之命，押罪臣朱国弼回大牢听审。”官兵的脸上面无表情。罪臣？我瞬间便明白过来，朱国弼虽然拱手让出南京城，却仍旧没有得到清廷的信任，而他前朝“保国公”的身份，更是一下子将他推入了大牢，看来这图圄之罪是免不了了。

“斗儿，你帮我去收拾些衣服，我要陪老爷入京。”我对身边的斗儿说。

“小姐，你还生着病呢，怎么能长途跋涉，你身体会吃不消的。”斗儿说道。

“快点，你眼里要是还有我这个小姐，就按我的吩咐去做。”我厉声道，此时的我心里像是着了魔一般，一定要把朱国弼救出来。

“夫人……”朱公看着我，脸上有些错愕，他或许没有想到我会做出这样的举动来。我做这些，只是为了报答他当日为我赎身的恩情。

不多一会儿，斗儿便拿了一个小包袱出来递予我，大声道：“小姐，我也要陪你一起去。”

“斗儿，你的心意我心领了，可是家中还有诸多的琐事需要你来打理，放心吧，不多时我们便会回来的。”我摸了摸斗儿的头，安抚着她。

“时辰不早了，我们快上路吧。”官兵不耐烦地催促道，我点了点头，便陪着朱国弼入京。

一路上，我悉心照顾着朱公，事无巨细，到了京城之后，朱国弼被关到押到了刑部下属的大牢里，而我却奔走相告着，希望可以尽快地救出朱公，好让他早日免受牢狱之灾，我用身上全部的银两打点了牢房的狱卒，好让朱公在牢房里少受些皮肉之苦。

我寄居在老友于震心家里，于兄与我私交多年，交情甚笃，此次入京对我更是照顾有加，于兄更是动用在京城所有的关系，帮我调查此次朱国弼入狱的根本原因，没几日，消息便传来。

那一日我正坐在花厅里，看着盛开的梅花，天气越发的寒冷了，于兄家的梅花梅花盛开，开得是那样清丽脱俗，“墙角数枝梅，凌寒独自开”，果真是这样的高洁，我看得不禁有些微微的出神，朱府的梅花，想必也开了吧。

“白门妹子，有消息了。”正发呆之际，忽然听见于兄的声音传来，我一个激灵，赶忙起身迎接。

“于兄，快告诉我，究竟是怎样一回事？”我焦急地询问道。

“白门妹子，你不要着急，朱公暂时不会有什么生命危险的，这件事情说大不大，说小也不小。”

“哦，此话怎讲？”听于兄这样一说，我心里像是吃了一剂镇定剂。

“朱公现在身陷囹圄，暂时不会有危险的。清兵刚入关，需要银两的地方很多，收益又少，于是想了这么一个招儿，把前朝的贵族官员抓起来，让他们交些银两，交了银两的就没什么事情了，要是不交的可能就会有杀身之祸了。”于兄娓娓地说道。

“那这个需要多少银两呢？”我询问道。

“这个具体的数量我现在还不知，但是我得到了一个确切的消息，五日之后，他们便会被放出归家筹集银两，所以，白门妹子你切勿担心了，等朱公回到金陵之后，便再想办法即可，你可以先回金陵等候朱公。”

听于震心这样一说，我长长地松了一口气，还好暂时没有生命危险，“这些日子，多谢于兄的照料，白门不胜感谢，请受我一拜。”说完便向于震心作揖。

“白门妹子，你这又何必呢？”说着便扶我起来，“你看你那脸色那么苍白，回去之后好好调理一下身体，保重好身体才是最重要的啊。”

“于兄说的极是。”我有些感动，大难之际，于震心仍然不避嫌，让我住在他家，为朱公的事情奔走相告，我怎能不感动？

第二天，我便快马加鞭动身回到金陵。五日之后，矢国弼果然被放了出来，只是他对我的态度仍旧是有些冷淡，完全没有久别重逢后的喜悦之感。我默默地劝慰自己，或许是筹款的事情给了他很大的压力。筹款的事情他不说我也没提。

日子一天天地过去，天气愈发的寒冷了。我站在庭院中，寂寂无人，

朱府的梅花果然都开了，四周一片晚来聚集，只闻得风吹得落枝上的积雪簌簌轻声，我紧紧地裹着自己冰凉的身体。

“愿得一人心，白首不相离”，这大概是人世间最美好的夙愿了。

第五章

朱公转徙致千金，一舸西施计自施

怕见人去楼空，柳枝无恙，犹扫窗间月。无分暗香深处住，悔把兰襟亲结。尚暖檀痕，犹寒翠影，触绪添悲切。愁多成病，此愁知向谁说。旧时月色。算几番照我，梅边吹笛。唤起玉人，不管清寒与攀摘。

何逊而今渐老，都忘却、春风词笔。但怪得、竹外疏花，香冷入瑶席。江国。正寂寂。叹寄与路遥，夜雪初积。翠尊易泣。红萼无言耿相忆。长记曾携手处，千树压、西湖寒碧。又片片、吹尽也，几时见得。

第一节 云自无心风自忙

朱公的冷淡，让我越发觉得这世间男子口中的情爱实在太缥缈。旧人夕颜之时，自己的命运就似那冰冷涧溪中凋零的芦苇细叶，命运是由不得自己半分做主。许是心情的缘故，我总觉得今年冬天的天气格外寒冷，我站在雪地里赏梅。没多久便觉身子极沉，好像我这一副躯囊马上就会重重地垂到这皑皑白雪之中，我倒是希望如此，好把我那污浊的内心也洗涤一下。

冬日天寒，我身子又孱弱，在屋外呆的久了，我便患上了风寒。本就心冷，再拖着残体，吴大夫前来看诊了好几日，也不见得好转，每日只是嘤嘤地咳。朱公见我如此，怕我将风寒传染给他，更是少来我房中。不知为何，我虽只是染上了风寒，但体热几乎隔几日就要反复。吴大夫开了几味药，斗儿每日为我悉心煎好，却仍旧不见好转。

生病之后，我的精神总是恍惚不定，常常会莫名地出神发呆。有时在窗前一坐便是几个时辰，说不上缘由，只是心口揪揪地疼痛，然后蓦地一惊。惊动过后，又不自觉地沉静。我让斗儿将妆台上的铜镜递与我，我看着镜中的自己，用手撩拨鬓丝，不施粉黛的我略显憔悴。我看着镜中的自己，叹息到："红颜未老恩先断，莫不是我此生就要独自在这空阁中度过？"

斗儿见我神伤，垂首静立在旁，片刻道："小姐身子不好，不要再自顾自地添了忧伤。""就让我病死算了，何故让我在这世间受尽苦楚。"我使劲身上所有的气力，将手中的铜镜往地上一摔，发出清脆的响声。斗儿连忙蹲下，拾起地上的铜镜，怀抱在手中，眼里泛起了泪花："夫人人好，菩萨会保佑好人，千万别说这种丧气话，夫人一定会长命百岁的……"

我默然，半晌苦笑道："浮生若梦，一朝春尽红颜老，如今我是红颜未老，春已尽。漫漫人生，我还有何企盼，我又何须长命百岁？"

斗儿没有回话，只是直直地盯着眼前的地板，许久才幽幽说了句："这

日子再苦，熬着，总是会有出路的。”斗儿这样一说，让我郁结的心情渐渐明亮，我的心瞬间觉得宽慰了些许，人总是要往前路看的。

午后一阵困意袭来，我躺在贵妃榻上，斗儿为我轻盖上棉被关上房门，便蹑手蹑脚地出去了。睡梦中突然觉着，门口风卷着屋外晴朗的阳光徐徐淌进，我睡得很沉。朦胧中，觉得有一双刚劲的大手在摩挲我的脸颊。

我做了一个遥远的梦，梦中的我还是刚遇见朱公的年华。那一年，在倚月楼，也是熟睡中，烈日正午，朱公来看我，他俯在我耳后，清晰而均匀的呼吸，情话依稀萦绕耳际，低回而温柔。他笑着赞我：“白门，你的兰花画得是那样栩栩如生。”我正对着镜子盘起发髻，他为我撩拨青丝，手势轻绵，眼神温柔。我伏在他的肩头，只觉得一丝温暖。忽然，朱公回头，面目狰狞，目光凶煞，我怕极，想要躲却又无处遁逃。

突然我感觉脑袋像是被人生生地揪住了一般，直直地撞向某个硬物，旁边的黑幕，翩若幽灵，伴着窸窸窣窣的雨声，总感觉我身旁雨如注下。

忽然，我又仿佛一人置身黑暗中，一抹悠远的声音在我耳边一直回荡，是女子的声音还是孩子的声音，我几乎不能辨清。突然有个声音激起：“已经是红尘中的女子还指望和郎君白头到老，最后还不是被抛弃的命。”

模糊中，我感觉有人在触摸我身上的肌肤，原来裸露在空气中的冰冷，一点一点被覆热，我努力的想要睁开眼睛去感受这股暖意的来源，可是身子的气力又仿佛被抽空了一般，想要睁眼，费劲全身的气力，意识中，我睁眼了好几次，却恍惚在梦中。眼前依旧一片漆黑，有一双苍劲的双手紧紧抓住我的手。不知过了多久，那一片覆着的温热就蔓延开去。

醒来时已是傍晚。我用手抵着床沿，挣扎着起身，道：“这身子可被这风寒折了。”斗儿捧了一杯茶来：“夫人喝杯茶提提神。”

我接过茶水嘴角抿抿。

心中泛起不少思绪，总感觉这天地一片荒凉。正当我胸中郁闷难解时，斗儿说道：“夫人，想来这个消息你知道后肯定会高兴的。”我微微一愣，“什么？斗儿。”“其实，老爷中午时分来看过您了，而且还向我仔细询问了夫人的病况，想来老爷还是十分在意夫人的。老爷来的时候看你睡得熟，都不忍吵你，温存了一刻就走了。所以夫人一定要好起来啊！”

听完斗儿的话我竟然忍不住哭了，这些日子我的生活越发冷淡，甚至连朱公的面都很少见到，没想到他竟还关心着我。斗儿虽见我哭了但知道我心中高兴，不禁也随着落泪，“夫人您别哭了，这是好事，日后您的日子必定越来越好。”我道：“是啊，咱们哭什么，斗儿咱们应该高兴才是。”

斗儿笑中带泪：“是，夫人，应该高兴，我高兴得都不知所措了。”斗儿连忙扯着衣袖将脸上的泪痕全都抹尽，“老爷和夫人昔日的甜蜜又要来了，夫人的等待终于有了好的结果。”

我平复了情绪，却又感到悲伤袭来，只好静一静道：“何必是甜蜜呢？我倒希望这日子平平淡淡，朱公多给我些陪伴，不让我这夜里一人如此凄凉。”

斗儿若有所思，轻声道：“希望老爷能够明白夫人这份心意。”

我嘴角泛起淡淡的微笑，没有再说话。自患病以来，我第一次这样纯粹地高兴。因为朱公，他白日停留在房中的气息，似乎此刻正在徜徉在我的鼻息中，对他的爱，在这一刻深深感染了我疲倦而柔软的心。曾经经历的那些失落，悲哀和不甘，在此刻消弭殆尽，唯有这残留的爱意，是我一生所有的希望和心爱所系。自从朱公来看望我过后，我似乎也有了些精气神，咳得不那么频繁了，斗儿开心地笑道：“心情舒畅百病消，这话一点没错，夫人这病看是马上要见好了。”也许是那份心中臆想中爱意的滋润，我的身子果真一日日地好转。

天气好的时候，斗儿总是把我从房间里扶出来，明媚的阳光洒在我的肩头，阵阵暖意，沐浴着晴好的日光，整个人的身心都慢慢舒展开来。偶尔走得累了，就捡一处干净的地方坐下，安静地享受这个时光。

即使身子在慢慢恢复，脸上的血气却还是苍白。朱府有一处池塘，里面的荷花开的甚是喜人，斗儿拉着我往那个池塘走去，看看那满园的荷塘之色。池塘旁边只有这一处亭椅，坐在上面赏花，既可以看见满堂荷色，细细下望，还有鱼儿在雀跃。远处，一位摇曳生姿的女子扭动着身姿朝我们坐的亭椅走来，一走进才看见女子的容貌，满色红润，走起路来脚下生风，头高高的昂着，一脸颐指气使，指着我便唤：“哪来的病秧子？这是我的地方，还不给我让开！”

听她这样一说，我微皱了下眉头，脸上却是不动声色，大病初愈我本

不愿意生事端，只是这女子着实气人，在朱府竟敢如此放肆。这分明是在朱府，竟然这样目中无人。

我哪里吞得下这口气，于是厉声道："我在朱府住了这么些年，哪里见过你！"

那女子听我这样一话，神情微微有些吃惊，但旋即恢复镇定，那妖娆女子掩口笑道："朱府夫人？有这等人物么？我怎么从未听过见过。"那女子身后站着一名家丁，是朱府打杂的苏任，"这位确实是朱府夫人，只是深居后院。"

听闻家丁这样说，那女子只好走上前来轻叹了一声"夫人好"，但脸上那高傲的神情却未减几分。我淡淡地笑道："不知这位姑娘如何称呼？来我府上所为何事？"

那女子眼角一飞，轻蔑地道："我是柳眉，是朱公唤我前来，说是想我想得紧，一日不见我就无法入睡，哪像夫人这般空闲？"说完得意洋洋地笑着要走。

我一听这话心里怒火中烧，但还是强压住怒气，我何必要与这样的女子怄气？只是这莫名就遭受这样一通气，实在是让人窝火。斗儿也是，这么多年哪受过这样的气，就要上前理论。斗儿刚要张口，我将她手拉了拉，示意她不要生事，柳眉已然走远，可是那刺耳的笑声老远却还能够听得见。

斗儿早已经气得眉毛都要飞起来了："夫人，为何拦着我？平白无故被这女子羞辱，我当真是气不过。"

我目光平行而去，满园的春色，红墙高起的四方天空碧澄澄的如一汪清澈见底的泉水，明净甘洌。我微微一笑，心情因为晴朗无云的天空而变得空阔。

"为了这样的小事大动肝火，伤了自己的身子多不值当。"

万里无云的天气，犹如那日我刚刚踏入朱府，那时的我是欣喜的，觉得未来的生活定是美满富足。时光斗转，现在的我，只是觉得当初的自己太过天真浪漫，却不晓得我的美满富足何处寻。我凄然一笑道："我身子乏了。"说完让斗儿扶我回房。

第二节　朱公怒摔琵琶

朱府的大院深幽而宽敞，慢慢地调养将歇，我也从风寒的病痛中摆脱出来。

夜色柔美，我端坐在梳妆台描眉，着一身藕荷色百合花裙。斗儿推门而入，见我如此，她脸上灿烂着笑容，忙道："夫人，本来就长得美，略施粉黛，更加美若天仙了。"我抿嘴笑笑，"你这丫头，嘴巴越发讨人喜欢了。"斗儿吐了吐舌头，便在我一旁服侍我梳妆。看着镜中的自己，腮凝新荔，鼻腻鹅脂，脸颊被胭脂恰到好处地粉饰着，看不出曾经患病憔悴的模样。

斗儿一直在旁边咯咯地笑。我转身正对着她，疑惑着："今儿个，是遇见了什么喜事，把你高兴成这样？"斗儿笑吟吟地作了一个揖道："我要恭喜夫人，老爷看到夫人的美态，一定把什么柳眉、红玉都忘到脑后。"

"红玉？"我蹙了蹙眉，柳眉我是知道的，就是那前几日遇见的那个骄横跋扈的女子，红玉想必也是朱公这几日的新欢，只是我还未听闻罢了。看到我不再言语，斗儿立刻察觉到自己失言，便不再说话，静静地站立在我的身后。我的心中如有波涛在翻转。月色从窗台透进屋内，银白色撒了一地，看着这一切却是深深的寂寥。

"去把我的琵琶取来。"不知静坐了多久，斗儿遵从了我的吩咐取来琵琶。我怀抱琵琶，走出屋内，抬头望那漆黑的苍穹，也许你对我还有一丝留恋吧！

我朝着朱公的书房走去，我的房间和朱公的书房只隔着一条长廊的距离，我一步步且行且停，调整着自己的衣容。虽然朱公这样对我，我的心却还是有一些眷恋与不舍，毕竟我们深爱过。

走到朱公窗前，我清楚的瞧见屋内有两个人影。只听得他的声音有些

低沉，时而大笑，时而低迷。

忽然间，他似乎是听见了脚步声，轻喝道："外面的是谁？"

一阵女声尖锐刺耳，从房内传出。我忽然心惊肉跳得厉害，心中怔怔的发抖。

"是我。"还不等里面的人回答，我用琵琶抵着门推开了那扇厚重的门。

朱公"唔"了一声，依旧是迟疑了："你怎么来了？"

只见他坐在案前，那名叫柳眉的女子摆动着腰肢揽坐在朱公的身上。依旧是那种不屑的趾高气昂。

"这是谁？"她明知故问道，柳眉并没有看我，只是用眼角扫过，继续伏在朱公肩头谄笑。

"是我的一房姬妾。"朱公回答道。

"哦，姬妾啊，那你叫她来做什么？"柳眉假意嗔怒。我只是呆呆地立在那里，眼中强噙着泪水，却不知如何发作。

"你来做什么？"朱公终于说了话。

"只是觉得今日月光如炬，想为朱公弹奏一曲。"我断断续续地回答，眼眶含泪，却小心地禁锢着，生怕一个不小心，眼泪就停不住。

我直勾勾地注视着他，不知是因为愧疚还是何缘故，他的眼神始终没有和我交融。"不必了，你回去吧。"朱公挥了挥手，示意让我回去，语气陌生而冰冷。

我一时有些尴尬，转身要走，却听见那柳眉娇嗔道："朱公，琵琶我爱听的很，不如让他为我们弹奏一曲，助兴如何。"

"这……"朱公发出为难的声音。

"人家要听嘛。"那柳眉继续撒娇道，我只是越发觉得恶心。

"好吧，那就依你。你先别走，既然来了，那就弹一曲吧。"显然朱公被柳眉折服了，我心里一阵刺痛。

我就着桌前的圆椅坐下，轻抚琴丝，我唱着：

"氓之蚩蚩，抱布贸丝。匪来贸丝，来即我谋。送子涉淇，至于顿丘。匪我愆期，子无良媒。将子无怒，秋以为期。乘彼垝垣，以望复关。不见复关，泣涕涟涟。既见复关，载笑载言。尔卜尔筮，体无咎言。以尔车来，以我贿迁。桑之未落，其叶沃若。于嗟鸠兮，无食桑葚！于嗟女兮，无与士耽！士之耽兮，犹可说也。女之耽兮，不可说也。”

一曲尽，这似乎是在诉说我此时的心境，我唱着，如旧我在倚月楼一般，不为别的，只为讨得眼前人欢喜。不知何时，那柳眉突然走近，伸手要来劫我的琵琶，这个琵琶是当初朱公花重金买下的古琴，我的心爱之物。

我下意识地一个反手，不料才刚刚触碰到柳眉的手指，她却一个踉跄倒地，随后便坐在地上嘤嘤大哭起来。

柳眉脸涨得通红，边抽泣边说道：“姐姐怎么下这么重的手，妹妹只是想看看你的琵琶，你不愿就是，为何还要将我推倒？”

先是一怔，但随即我便明白过来，她是想在朱公面前演一场好戏，我厉声道：“我还未碰到你，何来推倒之说？”一瞬间气氛有些尴尬，我不卑不亢地看着她，这样的场景在倚月楼我见得多了，只是没想到在朱府也会上演同样的戏码。

柳眉哇的一声大哭起来，对着朱公说道：“朱公，你可要为我做主啊。”朱公随即一个箭步跑到柳眉的跟前，一把抱起坐在地上大哭的柳眉，轻声轻声抚慰起来。

忽然，朱公抬起头来，厉声道：“白门，你未免也太心狠了吧，没想到你如此刁钻善妒。”听到朱公这样说，我的眼泪却再也禁不住了，我抢白到：“我没有，我没有故意推她，是她，是她自己倒下的。”虽极力压制却有些声嘶力竭。

只见那柳眉拽着朱公的胳膊，她满带着哭腔，眼神里却满是恶毒与刻薄。

“夫人您这是冤枉我，虽然您是夫人，但是也不可这样凭白说瞎话，我怎么会故意自己倒下，您这是欺负我这个无依无靠的弱女子，朱公你可要为我做主。”

朱公“唔”了一声，道：“你莫哭，放心，我会的。”深深看了我一眼道，“有我在，没有人敢欺负你。”

我再也控制不住自己的情绪：“为何你宁可相信一个外人，却不相信你的妻子。”朱公转过身来看着我，此刻的朱公是那样的陌生，只见他冷笑

一声，“妻子？你未免也太高看了你自己。”

朱公的的话字字戳在我的心上，我不相信我耳中所听到的话，我上前去拉着他的手：“这是你送我的琵琶，你不是说要听我弹奏一生，执子之手与子偕老吗？”眼泪早已打湿了我的面容，他却面无表情地甩开。

忽然间他一把夺过我怀中的琵琶，“哐当”一声，琵琶与地面碰撞的声音把我的心彻底击碎。我松开了他的手，瘫坐在了地上。我回过头去，死死地咬着牙，双手用力地撕扯着自己的衣角。他把柳眉紧紧搂在怀里，抱着走出了书房，偌大的房间只剩下我怔怔流着眼泪。

我的心完全破碎，就是在这样一夜之间。所有的一切，那些残留的情意都全盘颠覆了。这高墙四立的朱府，像一个有棱有角的囚牢，把我深深地禁锢住。伤心的泪水，因为朱公的无情，在那一夜流了个畅快。

夜里的寒意让我的身子瑟瑟发抖，就连覆在我身上的被褥，也像一块石头，重重地压得我喘不过气，我直直地望着窗外，眼前的漆黑慢慢地泛成鱼肚白。我双手紧紧抱着蜷着的双腿，心，在那一夜丧失了仅有的温度，变成冬日里冷冰冰的雪。

我幡然醒悟，过去的所有一切皆是虚情假意。而醒悟之后，更多的是对未来的不确定，若当时我没有嫁给朱公，我现在的生活又是怎样的？只见新人笑不见旧人哭，我注定是一个被抛弃和遗忘的人。

第三节　白银难倒英雄汉

日子过得死寂，我的门前更加冷落了。一个久病失宠的妾，没有光耀的门楣，如今又让朱公厌弃，即使是那些下人也在等着看我的笑话。

那日在书房内被一个无名无分的女子如此羞辱，心中郁郁。我怎么都没有想到朱公会这样对我，在他心里我竟然不如一个外面的女人。这样想着觉得心痛难忍，日夜茶饭不思。我常常想着这一切，心中就有着一股气无法出来。

冬日虽已过，但寒冷却未减。我穿着厚厚的衣物，却仍旧无法抵挡这料峭的寒风。斗儿看着我如此，也只能陪着我皱眉，感叹："小姐怎能遭受这种罪？"不消几日，原本娇嫩的手长出了冻疮，一个个鲜艳饱满，仿佛一不小心，全部都要迸裂开去。

斗儿看着我的样子，每日也是以泪洗面，我们俩人常常抱着哭成一团。

我含泪道："斗儿，是我对不住你，你受委屈了。"刚说完这些，我的眼泪便情不自禁地大颗大颗掉落下来，滴落在被褥上。"你若是跟个得宠的夫人，也不必跟着我遭受如此的痛苦。"

斗儿听到我的话只是一个劲的摇头，伤感道："奴婢命贱身轻，只是难为了小姐……"

我叹气："我算哪门子夫人，却还不如那没名没分的女子。"

斗儿恨道："那柳眉只会一味的谄媚卖笑，怎么能和小姐相提并论。"我们俩人紧紧地靠在一起，她的脸摩挲着我的脸。

月色明灭不定，淡淡的似一朵涟漪，在空中荡漾开去。皎洁的月光落在帐上，今日又是月尾了。当初说非我不娶的男子，如今却早已忘记了当日的誓言，只剩下我一个人暗自垂泪。

或许是由于几日来茶饭不思的缘故，一日正看着书，忽然之间一个踉跄倒在地上，之后便没有意识了。

醒来时却是吴大夫在近旁，房内生起了炭火，温暖而明亮。温热的热毛巾在我额头覆辙，屋中微醺的草药味，微微有些呛人。只是恍然间看见斗儿的额头上有渗出的血水，我看得有些诧异，但也没有吱声。

只见斗儿拿起一碗粥，坐在床边对我说，“夫人，快把这挽热粥喝下去吧。”

我摇了摇头，只觉得自己一阵头晕目眩，一点胃口都没有。

吴大夫正在低头写着什么，看我醒来，便走到床前。他的眼中漾起医者的悲惜，又叹声道：“亏得夫人有个如此重情义的丫头！”

我的意识有些模糊，疑惑地问道：“这是怎么了？”斗儿落下泪来，却一直摇头示意吴大夫不要继续说。

吴大夫没有理会，只是继续：“要不是斗儿姑娘在朱老爷面前把头都磕破了，求我前来看诊，恐怕夫人还在继续受冷着。”

我看着斗儿的伤口，泪水又忍不住地流出来。

吴大夫看着我们长长叹了口气：“哎，红颜薄命啊。”我却凄然笑了，道：“只是这世间女子都叫无情无义的男子所伤，生死都由不得自己。”听我这样一说，吴大夫也不再说话，收拾了医箱，退出了房内。斗儿忙去送，房中又是一时静静的无声，只有我一人盯着那空无一物的悬梁。

斗儿心疼我的身子，便说去厨房要些参汤来给我补补身子。我在房内看书，没过多久斗儿便回来了，我抬头一看，斗儿的脸色特别难看，眼角间似乎还有泪痕，喉间似乎是有哽咽之意。

我微微一笑：“这是怎么了，怎么去取个参汤，却变成了胀气的青蛙鼓着腮帮子？”

她的声音低低地嘟囔着：“那帮厨子真是气人！狗眼看人低的东西，我说夫人要参汤，他们说没有。同我一同前去的柳眉的丫头，也要了参汤，他们唯唯诺诺地拿了出来。我气不过找他们理论，为何我要没有，那丫头要却平白无故生了出来。那帮厨子被我堵得无话，最可恶的是柳眉的丫头，得了参汤，说话还刻薄难听，故意说给我听了一般。”

斗儿说得气愤，我的内心却异常平静："她故意说给你听什么了？"

突然窗外淅淅沥沥的下起了雨，春雨连绵粹不及防地落下，打湿全身却又手足无措，犹如男人的心变得比这春日的天气还要快，男人的心变了，女人的心却还在原地痴痴的淋着雨。

斗儿看了看我，有些支支吾吾："说了一个无人问津的妾，怎么还要用到参汤这东西，这岂不是拿金子倒腾泥巴……"

我静静地听着，心下甚是难过。斗儿看我难过，急急要前来安慰我，却又不知说什么，只是怔怔站在那里，懊悔地说："那丫头狗仗人势，说的话不堪入耳，是我没分寸，把这些话侮了夫人的耳朵。"

我凄苦一笑道："是啊，不过是无人问津的妾罢了。"朱公情薄，已然让我无所依靠，如今却还让人百般羞辱。心想当真是人微言轻，我已经无法再多言什么。

斗儿半晌出言，宽慰道："夫人，您要保重身子。"

"我恨，为何我在此处饱受冷暖苦楚，那薄情的朱公却在章台之处寻花问柳，享尽荣华富贵。"我扶着斗儿的肩膀，想一吐心中所苦。突然门咿呀的被再次推开，我恍惚，却真真切切看到朱公手捧着一碗汤羹进来，我愣愣地站在那里。

"方才听厨房说白门想要喝参汤了，我特地督促下人为你炖了上等的参汤。又亲自为白门送来，你可要趁热把它喝了。"朱公面带微笑，递上一碗参汤。我转头避过不接。

朱公面色瞬间变得阴厉，但转瞬又变为了笑脸。"白门又是小女孩家性子了，快喝了吧。"我面带讥讽："这上好的参汤哪是我这个无人问津的妾侍所能享用的，您还是为柳眉姑娘端过去吧。"

朱公立刻勃然大怒，脸色突然间变得狰狞："白门，你不要不知好歹，辜负我对你的一片心意。"说完，转身边走。

我苦笑道："这片心意究竟是赤诚还是歹毒，想必旁人也不得知晓了。"

朱公又调整了情绪，重新谄笑着坐回到我跟前，我只是觉得那张满脸横肉的嘴脸如今让我厌恶之至。

他轻声说道："白门，你这是说什么话，我怎么会有那么歹毒的心思。"

我哼笑:“你未必会有,但是你身边的柳眉、红玉可是巴不得我早点死去,为她们腾出地方。”

“白门,你误会了,还是柳眉告诉我你想要吃参汤,让我送来。”朱公假意附和的笑声我听得那么不真切。我怆然摇头,我怎么还会相信这种鬼话,即便是我殒命,也断断不能死在她们的手上。

我只淡淡的说:“如此,那替我谢谢她的好意。”

“斗儿,你先下去,我有些话要跟夫人说。”我心中狐疑,到底所为何事,才让他今日重新踏足我这个被厌弃的人的住所。

斗儿诺诺的应了一声,便起身离开。

“白门,其实我的日子也不好过。”他终究还是开了口,语气中夹杂着无奈。

“难不成今日你来我房中只是为了诉说你的苦?”我单刀直入,语气犀利。

“为何你变得如此刁钻,不见昔日的温柔?”他长叹了一口气。

“温柔?你已经有新人在怀,我的温柔不过是为你所嫌弃更添一分。”我又想起那日在书房中所受的屈辱胸口似被人狠狠抓了一把,疼得难受,“有什么事,你就直说吧。”到底我还是了解朱公的。

“哎。”朱公轻叹一口去,垂首来回踱步,“确实有事相求,不知白门手上可还有些周转的银两。”朱公婆娑着双手直勾勾地看着我,“你也知道,改朝换代,江山易主。即使我投降效忠了满人,可朝中还是有不少怨怼愤恨之声,京城所给的期限将至,可我还没有筹措好银两,怕是又要重回囹圄之中了。”

我一怔,含泪笑道:“我早已经孑然一身,又何来可以周转的银两?”他把我当成了摇钱树,只是我这棵树自从移进了朱家大门,能落下的就只有枯叶。

他似乎是有些不甘心,死死看着我,“柳眉说,你们这些秦淮烟花女子,是会存私房钱的,以备不时之需,你当初结识那么多的达官贵人,肯定收受了许多财宝,怎么会孑然一身?”显然他并不相信我所说的话。

烟花女子,我心中嗤笑当初所做的梦,“柳眉如此了解,料想她也不是寻常女子，她对你如此情深意重，为何不让她慷慨解囊。”我反唇相讥。

“这……”朱公顿了顿，“白门，唇亡齿寒的道理你也懂，你是我朱某明媒正娶回来的夫人，若是我蒙难，你也必然牵涉其中，我也不想多费口舌，你自己好好掂量下事情的轻重。”说着甩了甩手，匆匆地走出来房门。

我不晓得朱公为何要来找我，难道他还不明白我的境遇吗？或许这迎面而来的灾难让他分不清东南西北。迷了心智才会像无头苍蝇一般，到处寻找救命的藤条。不知道为什么，这一刻我竟然对他有了一丝的同情，我凄然一笑。

斗儿进门见我的神色有些古怪，便询问道：“夫人，怎么了？”一边讲话一边收拾被我打翻的残局。

“没什么……”我不再说话，只是一个人默默地看着窗外。

第四节　俎樽折冲

我不知道我的余生该何去何从，就像是一只待宰的羔羊，在羊圈等待着天明，等待最后一夜。我就这样焦灼地等待着，眼看着暮尽朝起，风平露泽，眼看着星月斗转。

“夫人，不好了。”斗儿慌张的从门外推门而入，脚步不稳，险些一个踉跄就要直直的栽倒在地上，她的神情纠结在一起，看着她这样，我心想定是发生了什么要紧的事情。

“你为何如此慌张？”我走到她面前，扶住了她因为着急而重心不稳的身子。“夫人，老爷他……他要变卖家中的姬妾。”斗儿慌乱地说着，“我刚才在花园里偷听到那个柳眉和老爷的对话，她说既然夫人没有私房，那就把夫人卖了解决燃眉之急，这都是那柳眉的主意。”

我怔了一怔，终于来了，这朱府怕是再也没有我的容身之地了。那么，我究竟算是什么？却比那羔羊还不如，是玩弄之后可以明码标价出售的牲畜吗？

我双脚无力，身体颓然倒下，身子重重地砸在一旁的椅子上。我像一只垂垂死去的蝴蝶，全身的力气都被一丝一丝抽空了，颓然地瘫软下去。窗外阳光明媚，和风吹拂着柳叶，硬生生地反射到入我的眼睛里，眼泪簌簌地往下落，不知道是因为阳光，还是因为这个消息。

我心里憋着一口气，仿佛所有的委屈都要蓬勃而出，却又找不到那个出口。斗儿前来扶我：“夫人，您要早些为自己寻一条出路才是。”

“是的，我不能像牲畜一样被卖了！”斗儿的话语惊醒了我，昔日的美好场景早已戛然而止。我再也不能在这痛苦的深渊中挣扎到死了，我要为自己寻一条出路，我兀自思索着。

凝神远思，我自语道：“或许这是一条出路。”是的，我要赌，我要赌自己，赌他最后的良心，赢了我重获自由，输了这便是命。月上柳稍的时分我依旧在案台上思绪着我的计划，我等待着天明的到来。

红日挂上天际之时，我起床梳妆，看着镜中的女子，我自己也暗暗的吃了一惊。镜中的女人颧骨高高的突起，眼窝深陷，突出的锁骨被雪白的素衣裹挟着，却也依稀可见，只叫人觉得生冷。镜中的这个女子曾经红遍秦淮，谁又相信？

心下一阵荒凉，如今这样憔悴的我，世上的男子恐怕躲都来不及了罢。我对身旁的斗儿问道："我这般模样，是不是很吓人。"斗儿淡淡地说："夫人只是病了，调养些日子，面色自会恢复，夫人不必太过在意。"虽然知道她所言只是安慰，我还是拿此话宽解自己。脸上胭脂也似干涸浮在面上，如那沟壑中扬起的红砂，更让人觉得可怕 。我呆呆的望着，不知该如何是好。

算了吧，暂且把这些思绪放在一旁，对此刻的朱公而言，无论我穿着如何鲜艳的衣裳，面色如何动人，一切只是惘然。于是，随手拿起一件衣裳便走出房门。

在房外伺候着的刘喜见我来了，为我推门，轻声道："夫人来了。"

朱公坐在案上低头，似乎在用心看着什么东西，见我进来，头也不回。片刻难堪的静默，他突然抬头沉声道："上次去看你冷冷相对，今日你又为何前来？"

"这几日我梦魇，心惊得慌，总是梦见我在一个陌生之地，却再也不见朱公。不知朱公是否听过李益负霍小玉的故事？"他冷冷的话语刺痛我，但是我努力的从脸上挤出一抹微笑。

他狐疑地看着我，似乎不知道我想说什么。

"白门只想说，虽然我不是您的原配正室，却正如您所说，我也是您八抬大轿娶进门的女子，如果您真的将我变卖，我一定到时当场自缢，死后如那小玉一般化作厉鬼，缠其宗室！不得安宁！"

他的口气生硬起来："你在胡说八道一些什么？"我淡漠笑："那么朱公权且只当我是胡吃罢了，我今日前来，不为别的只是想要为朱公排忧解难。"

听我如此，朱公的脸上露出了喜色，连忙起身搀我坐下，缓和道："莫不是你真的要把那些家私拿出尽数与我？"我澹然举眸，这一刻我们四目相对。

这些凄苦的日子我独自一人，只觉得恍然和蒙昧，如今这般近，怕是若是心中还有一分的念想，可是如今我如此望着他，心中依然没有半分的涟漪，我的情，与朱公，已然泯灭。

“我当日并没有骗你，嫁与你的日子，我仅有的私蓄和我整个人都给了你，并没有留有半分。”他的神情有些失落，语气又变得有些凌厉，“那你又如何为我排忧解难，莫不是戏弄我？”

我按捺自己的情绪，只道：“即使我手中没有真金白银与你，我有办法为你募得万金。”他死死看着我：“是何法？快快说来。”

“放了我！我允诺不消数月，定悉数奉上那些金银。”

听到这些，朱公冷冷道：“痴人说梦！”

我力争道：“白门虽是一介女流，但当时名动秦淮，你将我变卖，也只不过区区数百两，若放我重回秦淮，重操旧业，那些王孙贵胄欣喜，赏我又何止百两。”我哽咽道，“朱公已然厌弃白门，但是昔日枕荐软语却在白门心中挥之不去，白门实在不愿常伴他们温存，再次受尽深宅屈苦。”我的眼泪潸潸而落。

他不再看我，低头看着远处的窗外道：“既然你已经知道，我也不愿再瞒你，我也实在无法才出此下策。”

见他如此，我继续道：“朱公的心思我是知道的，你也断断不愿意把我往火坑中推，我也确实不愿见朱公身陷牢狱，我愿意回到秦淮为朱公筹措金银。”

他叹息道：“当真如此？莫不会我放你远走，你就一去不回了吧？”我的舌尖微微颤抖，眼睛深深地凝望着朱公，凄然含泪说道：“我与朱公相识至今，莫不是连这点信任都得不到？况且我只有秦淮河畔屈身，我又能逃到何处？。”

我的柔弱化作了一汪秋水，再忍耐不住，仰头视他：“朱公！若是你一意孤行，那今日就是我们最后一别，你将我卖给何人，那人接到的必是一具冷冰冰的尸首。”也许是他还残有的一丝良心，也许是我以死相逼所迫。沉寂了片刻，他扶住我的肩，道：“白门，事到如今，就依你。我朱某的身家性命所有的一切都系在你的身上了。”我眼神坚定地点了点头。

第六章 坠残红粉念君恩，女侠谁识寇白门

片红飞减，甚东风不语，只催漂泊。石上胭脂花上露，谁与画眉商略。碧甃瓶沉，紫钱钗掩，雀踏金铃索。韶华如梦，为寻好梦担阁。

又是金粉空梁，定巢燕子，一口香泥落。欲写华笺凭寄与，多少心情难托。梅豆圆时，柳棉飘处，失记当时约。斜阳冉冉，断魂分付残角。

第一节　匹马短衣，重返秦淮畔

吃过晚饭，我从房内走出来，这是我在朱府的最后一夜，心里对这依是旧时景，却不见旧人颜的世事变幻感到枉然。

从庭院的空中向外望去，不知哪家大户在放烟花，照得满天通红，我忽然觉得有些讽刺，秦淮河畔，那个曾经我最想逃离的地方，如今却成了我的救命稻草。

我没有为自己的胜利而感到欢喜，多少清白女子厌弃之地却是我寇白门仅有的容身之所。而这里，曾经以为的一辈子的归宿，却是比秦淮河畔更能折磨人的囚牢。

秦淮河的初见，我多次将他的名帖撂下，那时的我凭借着美貌和才情，是骄傲的。那日我答应他的求婚，他紧紧的抱着我道：“白门，此生我必不负你。”琵琶弹曲，谱的是他的心，还是我的意。

他说我弹唱的曲子是时间最美妙的音符，于是他不惜重金，为我寻来那把罕见的古琴。夏日的窗前，他撩拨我垂下的青丝，神色迷醉：“白门如那玫瑰一般娇羞可人。”秋高气爽，他与我驰骋郊外，远远隔着马匹，他也要伸手与我，他放声大笑：“白门，此生有你，我不复所求。”那时的他，满面皆是笑影，我想我忘不了那句“白门在我心里是任何人都不能取代。”诸如这一切，原来皆是一场梦。

我的眼里泛出了最后的泪，那场年少的关于爱情的梦，梦中筑起的高墙，轰然倒下，险些将我埋葬。我的爱情，随了灿烂一时的烟花，摧残之后无影无踪，剩下的残骸独留我一人痴笑。我像是做了一个梦境一般，从初入朱府到现在也才不过两年，只是这两年却像是度过了一生那么久。

等我睁开眼睛的时候，发现阳光已经升起。斗儿迎了上来，切切道：“夫

人，你醒了。”斗儿服侍我洗面，舀了一碗白粥伺候早膳。我拨弄着碗中雪白的米粒，只觉人便如这一碗白粥一般，被肆意调弄，半点由不得自身。现在也许我终于像那金丝鸟一般可以放飞。良久，我低声道：“斗儿，你去为我收拾行囊。”

斗儿小心翼翼地觑着我的神色道：“夫人你这是做什么？”显然她还不明白我和朱公的谈判。我心中一动，不觉站起身来，“我要离开这里，回到秦淮河畔，我没有办法，却没有更好的去处，朱公答应放我归去，条件就是我要为他募得万金。只是，我这一走，只留下了你一人。”

斗儿似有不甘心，“可是夫人走了，徒留斗儿一人在这朱府。”

我拉过斗儿的手说道：“斗儿，秦淮与你这个清白的姑娘并不比这朱府好，并不是我不想同你一起，只是……”说罢心下更是烦乱，只紧紧攥着斗儿的手不语。

我抚着斗儿的手背，温然道：“若是你在这朱府活的不快活，到时候我一定也把你赎出去，给你寻一个好人家。即使平淡一生，也是女子极好的去处，秦淮河畔真是不适合你，我不想因为自己的私欲平白无故毁了你，你千万不要自乱了阵脚，擅自珍重，等我回来。”

斗儿握住我的手，眼睛里满是泪水，“我知道夫人待我好，我愿意留在这里等您。只是以后没有斗儿在旁伺候，夫人你要好好照顾自己。”

“你明白我的心意便好。”我将手上的剔透白玉镯子取下，贯入斗儿的手腕。斗儿一惊，惶惶摇头，连忙推搡，我死死拽着她的手，笑道：“我本就轻看这身外之物，我已经没什么好东西赠予你，这白玉镯子只当是你我之间的信物，留一个念想，待到你我重逢之际，你在将它复还与我，可好？”斗儿这才怔怔的点头。

我让斗儿收敛了几件寻常的衣物，我将发髻高高的束起，换上一身紫褐云布短衣。斗儿见我，叹道：“如此装扮更添了些许英气。”我将衣物打包附在身后，斗儿问道：“夫人可还需要些别的物品。”

我环视了一下这座房间，心中竟没有丝毫的眷恋之情。我对斗儿说：“走吧，这本不属于我们的东西，我们为何要在意呢？该留下都留下才是。”斗儿似乎也懂了我的心意，与我一起出了房间。走到屋外之后，我突然感觉今日天大地大了。好像只有脚下不是我应该在的地方。这时斗儿却情绪低落，悲伤之情瞬间爬满脸上。

我不禁也感动起来，拉着斗儿的手说：“斗儿日后定要珍重。与你主仆一场也算是缘分，你我姐妹情深，只可惜今日要离别了。”斗儿不禁哭出声来。这时朱府管家陈升走上前来，“夫人，老爷特地吩咐我们备轿将夫人送到倚月楼。”我头也没转，看着斗儿说道：“老爷的心意白门心领了，只不过这轿子就免了吧，麻烦陈管家帮我找一匹快马来，我也好早日离开这是非之地。”

“夫人，这……”陈管家不知如何是好。

“你去把那匹跟随我多年的宝马牵来吧。”突然一阵沉厚的男声从身后传来，我没有回头，知是朱公。不一会，陈生就把马儿牵来了。朱公似乎要上前来扶我上马，我将身子一退，默然地低头：“谢谢朱老爷的好意，白门定当谨记当日承诺。”只消一句便把朱公哽得无言。

我披了斗儿递来的碧色斗篷，似与人赌气一般，单脚蹬在踏板之上，腾空，一跃而上稳稳当当地坐在了马鞍之上，拽了拽马绳，匆匆便往外走。我从来没有像此刻一般的急于逃离一个地方，哪怕是曾经在倚月楼的时候，也未曾这样迫切过。

自始至终我没有正眼看朱公，我心下明白，人生既然如此，我也没有留恋的必要了。街上人声鼎沸，马儿长嘶。我可以感觉到那已黯淡的心，在我彻底离开朱府一刻骤然明亮起来，像一束灼灼的火焰，瞬间照亮了天际。我快马加鞭，经过几日奔波，到达金陵城已是深夜，看到远处灯火通明，我知是倚月楼，心中重重地松了一口气。

第二节　一路新制，国破家亡

一勒马绳，我回到倚月楼已是午夜时分。

平常人家早已将歇，长巷无人。倚月楼却似那夜来的人间极乐之地一般。灯火通明，朝歌夜弦，量风月以无边，采胭脂而皆是。

我刚刚踏入倚月楼便一头撞见了母亲，看到我她先是一怔，以为认错了人，瞪大了着眼睛再近看，方确定是我："白门，你怎么回来了？"

片刻的吃惊过后，母亲的神情转瞬恢复了平时的不苟言笑："这是又受了委屈，回来小住，一日还是两日？"我脸上强打着笑容："母亲，我已经彻彻底底和朱公划清了界限，从今以后我不在是朱府夫人，我没有别的去处了，今日重回倚月楼，还望母亲，捡一处清净空榻与我。"我抚了抚身子，眼睛里强忍着泪水。

"哎！"母亲轻叹一声，慢慢地朝我靠近，抬手将我拥进了她的怀中，以前我只当她是这世间最美丽的女子。岁月不会饶过任何一个女子，只是几年的光阴，尽管她的脸上还覆着厚厚的胭脂白粉，还是隐约可见那肌肤不再吹弹可破如蜜桃般，虽依旧光洁只是如那瓷器般生硬，发髻间也多了几缕华发。

母亲突如其来的拥抱让我的眼泪再也抑制不住，我伏在她的肩头嘤嘤的大哭起来。她用手轻轻地抚摸着我的后背，手上的温热从衣服传到了我的心头。这是长久以来，母亲难得的爱抚，一直以来，她都是那么高高在上，不曾与我们亲近。

"你终究还是回到了此处，想当日你是那朱国公迎娶你白门，五千将士掌灯，轰动着金陵城，是何等风光。我想你也是寻得一个好的归宿，没想到如今，你却如此凄凉地重返秦淮河畔。哎！真是青楼女子还良拾笤帚为人妇，当真是难啊！也罢，回来了也比待在那里你独自备受煎熬来的好。”母亲的话安慰着我早已经千疮百孔的心，往事像是给了我一记巴掌，重重地打在我的脸颊上，火辣辣的疼痛。

母亲安慰了我许久，只是旧时住的含芳阁已然被更年轻、更曼妙的女子所占据。母亲指了一处怡香苑给我居住，虽不及含芳阁鎏金奢华，室中倒也干净。

躺在床榻，尽管外面霓裳之曲未终，鼙股之声大作，不一会儿，我便沉沉地睡着了。忽然间好似有什么怪异的声音响起，我翻一个身，另一边的脸颊也开始瘙痒起来，几声咯咯的笑声闹成一团，清动悦耳。

我模糊地想着：“什么东西在闹腾？”于是朦胧着双眼翻身起来，一眼便看见一个可人的姑娘正瞪大着眼睛在看我，口中唤道：“姐姐，你终于醒了。”眼睛里是止不住的笑意。看到了旧时的姐妹羽灵，我不由面露些微喜色，“原来是你这个调皮的姑娘，扰我清梦。”

“姐姐已经日上三竿了，你还在被窝里躺着，一早听说你回来，我以为是丫头们瞎说，这不，忙赶着来你这里看看，果真看到姐姐正在酣睡，可把我欢喜坏了。”羽灵眸光明亮，只吟吟瞧着我。

“且待我穿上衣衫，再同羽灵妹妹把话。”说着，我让怡香苑中的丫鬟晴儿将羽灵领到厅堂，看茶。自从朱公对我之情日渐冷淡之后，我许久未施脂粉，日日素面朝天。

看着镜中的女人，憔悴异常，面色蜡黄，颧骨高突，横亘在脸颊之上，自己几乎也惊骇，仿佛一朵已经凋零殆尽的黄花，形消神散。脸色异常的暗淡，我看着镜中的自己，整张脸像霜打的茄子一般，往日的明眸清目早已经失去了灵动之气，眼神污浊黯淡。

看着不觉伤感，方想起羽灵还在堂前，急急梳起一款流云髻，捡了一件青绿细锦裹在了身上微笑着款款而出，道：“让妹妹久等了。”羽灵起身，携手与我坐下，她那双盈水深眸直直瞅着我，却看得我有些害羞，我抚脸打笑道，“是不是姐姐这形容枯槁的脸庞吓到妹妹了。”羽灵的脸上一抹伤感划过，“当日姐姐嫁入朱府，我们倚月楼的姐妹只当姐姐是去享福了，岂料两个春秋轮回的光景，姐姐竟然憔悴成这般模样，让妹妹看得心疼。”世事

无常，我也不愿意多谈往事，秦淮河畔最不稀罕的就是女子的美貌，可是失了美貌的女子却又如何在这秦淮河畔生存，我低头叹息着如今惨淡的面容。

我又看到羽灵担心的深情不禁感到还是姐妹情深，或许只有这里才是我最好的归宿吧。我随即又开话题："妹妹无需担心姐姐，姐姐这不回来了么？倒是多日不见妹妹，这相貌越发清秀了，看看妹妹这皮肤、这脸庞，可不是这秦淮河畔最美的花了？"羽灵娇笑道："姐姐刚一回来就取笑妹妹么？妹妹那里比得上姐姐的容颜。"我又笑道："姐姐老了，还是妹妹水灵，可不知妹妹这些日子可看上哪家公子没有，姐姐也好向妹妹讨点喜气。"羽灵竟然脸露羞涩，红着脸庞对我说："姐姐，妹妹可要生气了，我第一个跑来看你，你却这样挤兑妹妹，妹妹真的伤心了。"

我知她并没有真的生气，于是道："好啦，是姐姐的不是。姐姐回来也甚是高兴，这不就和妹妹调笑起来了。妹妹别当真，日后咱们姐妹玩笑的话多了，难道妹妹句句都要生气么。"羽灵听后也笑起来，继续与我闲聊。

母亲日日送来补品让我调养身体。我每日以深井水调和玫瑰玉露粉敷面，亏得我原先的底子好，又日日细心地调理，身体很快复原过来，没多久脸上的蜡黄渐渐退去，重新如桃花面容一般。几日后母亲来探我，见我犹如新生的面容大为吃惊，默默观看后大叹道："如此白门，又要让多少男子竞相折腰。"我掩嘴笑道："如此甚好。"妈妈又盯着我端详了一阵，脸上的笑意始终不减。

一日我在堂前抚琴，忽然听见外面有窸窣的说话声，似乎还伴有女子的哭腔，我问晴儿发生了何事。

她出去了一会儿，进来回禀道："原是院中打扫的刘大娘，远方的亲戚来投靠，说是因为战乱，全家都殁了，就剩下那个老妪一人。那清兵都打到山东了，那无用的头领却还吃酒贪醉，等待清兵逼至城下，那些头领才慌慌张张的醒来，召集兵将。遇到清兵，打头的明军将领冒冒失失战了不到俩三个回合，却被清兵将领一刀劈于马下，麾下兵散作一团，那刘大娘的远方亲戚全家没剩下几个，唉。"

我皱了皱眉头，听着心里千万个不是滋味。我微微叹息："真是国人可欺，国之不复。"

第三节　万两黄金亦难寻

重回倚月楼的日子，自是与从前无异。那日相约与众姐妹饮酒作乐，依次坐开有羽灵、青梅、雪琴三人，推杯换盏间皆有几分醉意。

雪琴忽然想起一个消遣的雅事，便道：“遥想昔日才子佳人饮酒赋诗岂不乐哉，可此处只有佳人不遇才子，岂不是太过单调无味。今夜无事，我们不若出外走走。赏这月明，各位姐姐意下如何？”我喜笑道：“我正欲出外走走，妹妹倒和我想到一处去了，我们便出门踏月去。”于是让身边伺候的丫鬟带了几支毫笔，几方砚台，趁着月明，几人信步而走。谁知不远处即是复社园亭，亭内灯火阑珊，姐妹几人携手近前，却见那复社园亭中有两个纶巾男子正在举杯交筹。

细看，方认出是震心和周兴两位复社友人，随即与复社俩位相见毕。

青梅道：“闲来无事，不如我们趁着酒兴，舞文弄墨增添雅兴，如何？”周兴抚掌赞道：“姑娘提议甚好，早就听闻倚月楼的女子不仅才貌俱佳，画技更是一流，今日我们不吟诗作对，不妨来以画会友。”

我们齐声笑允，我们清了桌上的酒席残羹，摆上了笔墨砚台，各自泼墨起来。约摸过了半个时辰，周兴和震心都毕了卷，紧接着雪琴、我、青梅和羽灵也放下了毫笔。周兴先行启开画卷，点了几朵牡丹衬白色的画底，中蕊暗红，花瓣色上行，三俩相伴，提“暗香浮动”四字，取吐芳之意，大家连连拍手称妙。

继而震心便是虬髯一虎，那张牙舞爪之势，倒也慑人心魄，只觉着那头猛虎的眼睛提溜提溜的转着，怕是要从画中跳出将我们擒住。自然，震心栩栩如生的祥瑞也引得一片喝彩。

雪琴、青梅和羽灵像是约好了一般，分作了松、竹、梅“岁寒三友”。

我把各人的都看了一圈，赞道："周大哥画的牡丹，雍容华贵间还有些灵气，妙得很，妙得很呢。"雪琴掩着帕巾，笑着说"周大哥的牡丹确实画得端庄秀雅，我说于大哥这虎更是难得，人家说画人画景难画虎，你看看这搴謇的架势，把我震得动弹不得，这才知我胆小呢。"我笑道："不错，只是这随意之作，也能教人以为是真的老虎呢，你瞧，和那山间霸王一模一样。"于震心抚须大笑："雪琴姑娘过誉了，三位姑娘的松、竹、梅，梅寒丽秀，竹瘦而寿，石丑而文，足见风泉两部乐，松竹三益友。"话音刚落，雪琴嚷嚷道："白门姐姐作了什么？"我一直将画卷虚掩着，所以众人并未见到我的画作。

青梅立刻跑来掀我的画布："呦，这是一匹骏马腾云驾雾呢。"我索性把画一摊："只是喜欢这马儿无忧无虑，驰骋飞扬的个性罢了。"羽灵道："白门姐姐这匹马儿还真俊，像是将自己的脸庞绘了上去。姐姐性子本就刚直，那气宇轩昂的英气，却是出自白门的手笔。"

我淡然一笑："只是我生的女人身，若是那七尺男儿，现在国难当头，百姓流离我定将建功立业一番。"青梅那双丹凤眼儿直直瞅着我，"这是要飞出一枝木兰花呢。"

羽灵端倪着我的脸庞："只怕白门姐姐比这木兰娇俏了许多，柳眉杏眼，娇嫩欲滴的样儿，不知会迷倒多少男子。那一眼就让人动心的美人，怎么能在男人堆中隐去。"我们继续谈画言语。

大约一炷香的功夫，就闻得身后有碎碎的脚步声传来。回头看见了吴秀才："我正不知道该怎么打发这辰光呢，竟在此处遇见了如此的才子佳人。"那吴秀才写的一手好曲，我们倚月楼的姐妹多唱自他处得来的调子，羽灵道："不知吴秀才今日又带来了何许妙音？"吴秀才合袖回礼："小生今日新作一曲，填的是苏东坡的词句——水调歌头。"我见桌上燃着的烛火有些暗，便拔了头上一根银簪子去剔亮。"

羽灵回："这个倒是新鲜雅致，我还从未听过呢。就劳吴秀才唱一支我们听罢。"吴秀才敛了敛衣裳，细细地唱了起来。

明月几时有，把酒问青天。不知天上宫阙，今夕是何年。我欲乘风归去，又恐琼楼玉宇，高处不胜寒。起舞弄清影，何似在人间。 转朱阁，低绮户，照无眠。不应有恨，何事长向别时圆？人有悲欢离合，月有阴晴圆缺，此事古难全。但愿人长久，千里共婵娟。

一时寂然无声，只有吴秀才婉转的歌声。吴秀才唱毕，我痴痴道：“此曲只应天上有，人间哪得几回闻。”

“那我就讲此曲赠予姑娘，权且只当是知音之乐。”我惊喜道：“那就谢过吴秀才。”

我们说说谈谈，已然黎明光景，于是各自归家。借着吴秀才的水调歌头，我在倚月楼却又是门庭若市的光景，纨绔公子挥金撒银，只为博我一笑，得到的首饰珠宝更是数不胜数。

时光似磨盘一般，碾过了尘土，碾过了日夜转徙，亦碾到了两月之期。与朱公约定的日子越来越近，我的心渐渐不安定起来。虽然每日的莺歌燕舞为我挣得了不菲的财宝，却还不足两万两，那一丝暗流，在心头涌动，泛出焦灼。

晴儿在屋中点上熏香后，整个屋中开始弥漫甘甜沉静的气息，我和羽灵坐着品茗，手上的帕巾却滑到地上。羽灵轻缓道：“姐姐这是在心烦什么？”我心中焦烦，只能苦笑，“两月之期将至，即使变卖所有的金银首饰却也不足二万两。”羽灵只是轻握我的双手，静静的聆听着我的忧思。

第四节　姐妹情深

六月的天气金陵城已然有些热，连春日里甜腻的花香也败了，剩下一株株的荼蘼花事，一株株雪白的花瓣横亘在庭院中散了颜色，颜色散尽。

夏天就这样来了。屋中有些静，只闻得风吹的窗纸轻轻摆动。我痴痴地盯着手中的清茶，浑然忘了身边的景致其实极为宁静。我心下微凉，片刻才道："如今也为这金银心烦起来。"羽灵婉怅："姐姐不必如此忧心，船到桥头自然直。"

我送了羽灵门外，天气晴好，阳光戏打花枝，鸟儿起飞，四处的紫薇花散开，花团锦簇，如锦如霞，羽灵穿着一身别致的锦衣走在这样的景色中，微风从四面扑来，背影绰约，眼前之景美好，心中却萧索无味。于是我日日早起晚睡更多的纳客送笑，只盼望能够早日凑足银两。如此一来，我的面容却又变得憔悴了。两个月之期很快到了，我坐在堂前发愁不知如何筹措剩下的银两。

这日一早，羽灵、雪琴、李翠儿等几位姐妹纷纷来我房中。她们从羽灵的口中得知了我的窘境，所以一个个都争相来宽慰我："姐姐放宽心，法子总是会有的。"我眼中一热，迅速别过脸去拿手绢拭了，满面笑容，亲手为她们斟茶道："众位姐妹的心意我自然是明了，难得你们这片心思。"接着又命人取来点心，分给了众多姐妹。

雪琴心直口快："姐姐遇见了困难，怎么不早点开口这是不拿我们当姐妹了吗？"我眼圈儿一红："只是我的事情，劳烦大家，让我心难安，我只想着自己能够解决便罢了。"雪琴："姐姐如拼命三郎一般，这是连命都不惜了吗？你心难安，这是教我们姐妹心难安。"在座的姐妹听到雪琴的话纷纷点头附和："在这秦淮河畔，我们都是孤苦无依的姐妹，若我们都不拧做一股绳，恐怕我们是比那昙花来的更加脆弱。”雪琴说的情真意切，平时只是当做她喜爱玩闹，却不知她有这般细腻的心思。雪琴递给我一个雕花锦盒，我打开一看，满是金银珠宝，还有及其珍贵的玛瑙项链。我面露难色：“这也未免太贵重了些。”说着就要递回给雪琴，雪琴脸色凛然：“都说娼门女子无情，我却以为不足为信。今日姐姐有难，这些钱财乃是身外之物，雪琴别无所求，只盼这杯水车薪能够为姐姐排忧解难。”说话间众位姐妹都慷慨相授，各自拿出了许多金银与我，不消弥时，桌台就被姐妹们的锦盒搭满。我心中满是感动欣喜，眼中噙着泪水遂道：“我白门有幸结识众位姐妹，今日为我之事，大家济济一堂，白门心下感激，无以为报，请受白门一拜。”说着便要屈恭行礼。羽灵上前扶住了我，她对我会心一笑，那一抹笑容让我感觉安心，“姐姐莫要如此，我们姐妹情深，你又何须如此见外，反教人看了生分。”羽灵指着桌上食盒道：“刚才这几样点心，我吃得甚是可口。如果姐姐非要答谢，不如再拿出些吃食与众姐妹，就当是回礼如何？”我含笑受了，命晴儿再去厨房拿些点心。

正说着，青梅遣了丫头荷素过来，说是给我的一点心意，青梅也是我旧时的姐妹，只是许久未见，感情自然也不如羽灵等人关系亲昵，青梅让人送来的是一颗南海夜明珠，珠光笔润，圆硕肥大，光彩耀目，成色上乘，极其罕见想是她已为我倾囊而出，不禁心生感激。我问道：“怎么不见青梅？”荷素道：“小姐本来想亲自前来，只是身体实在无力。小姐说要奴婢代为向白门小姐请安，小姐说手上没有足够的现钱，就将这颗明珠赠予小姐。”我忙扶起了荷素道：“原来如此，请代我谢过你家小姐。”

其实早些日子我已经听闻青梅身子抱恙，只是这些日子我们实在不得空去看望青梅，此时青梅有拍丫鬟送来如此珍贵之物，让我心中感激之余多了不少愧疚。我对荷素说：“回去向青梅转达我的谢意，白门不日将去看望她，让她好生养病，日后姐妹们还要一起外出游玩呢。”

荷素答道：“小姐知道白门姑娘定会关心她的身体，特地让我转告，请白门姑娘无需挂心，先办好手中之事。我家小姐会在房中等候白门姑娘前去叙旧。”我急忙答道：“难得青梅如此善解人意，白门得此一知己甚感荣幸，这几日麻烦荷素妹妹好好照顾青梅，我代诸位姐妹谢过了。”荷素赶紧还礼。

席间母亲也前来，见我们好生热闹。脸上荡漾着笑意。窗外的繁花飘飘洒洒，花开花落，不过在于上天若有似无地嬉戏人间罢了。

散席之后妈妈唤我入房内，从一个精致的木盒中取出一对翡翠耳环，耳环做工到是平常样子，只不过那极润的玉坠价值不菲，道："白门，见你天天如此，母亲也是万分的心疼，这对耳铛你拿去，也别让旁人议论说我苛待了你。"我的眼泪又要往外翻，妈妈一个急喝"哭什么，女子的眼泪是最不值钱的玩意，那些个男人的花言巧语都是信不过的，只有那些金甸子才是女人最坚实的依靠，白门你是极聪明的，自是明白。"从妈妈的房中出来，我的心中五味翻腾，原以为最牢靠的爱情却将我伤得体无完肤，如今将我救出水火的却是这倚月楼姐妹卖笑暖床得来的血汗钱，着实令人讽刺。夏风轻轻吹在我脸上，我丝毫感觉不到清凉。

推窗，窗外一片凄凉，院中虽点着灯，但我看来窗外的一切如墨般漆黑。

入夜卸妆，把白日中得来的财物细细数来，加上我原来的储蓄，已然超过万两黄金。我双眼微红，眼中泪光闪烁。念及朱公之事，心中有些烦闷。我轻声叹息，原来这炎热的夏日，竟也是如此让人心凉。

我回头看着姐妹的心意，心中稍稍温暖几许。

第五节　投以木瓜，报之以李

到了约定的日子，晌午时分刚过，窗外的风吹动着树叶呼啦啦直响，我的心被这碰撞声拨乱，心中不知为何有些惴惴不安。晴儿早已在倚月楼门外为我候好轿撵，我携带着那万两银票，上了轿撵，脚夫们便急急往朱府赶去，在朱府门外却见大门紧锁。我深扣朱门，半晌门被吱吱呀呀推开了。是刘管家，见到我他吃了一惊，赶忙迎我入内。内堂萧条，也不见平日里众多丫头妈子，一问方知朱公被朝廷拘了去，府中佣人也各自散去，只留下了月儿、刘管家。

坐在朱府的内堂我抿了一口茶，方才缓和神色。看着窗下凋零的落叶到道："老爷何时被拘了去？"管家望了我一眼回答道："已经五六日了。"我微微一怔，旋即道："你可知是何缘故？"管家双手恭垂道："不知是何缘故，只是五六日前，朱府突然闯进了许多衙差，闹腾腾的，就把老爷带走了。"管家额头上涔涔地出了冷汗，神色纠葛若惊雀："老爷一走，那柳眉女子就卷了家财消失无影，府中度日如年，我就自作主张地遣走了些下人，一来节省府中的用度，二来也让人家有个出路。"我听他说，不觉忧色大显，微微低下了头，用帕巾抹去额上不知不觉中渗出的汗珠，一时间我竟感觉到了丝丝凉意，不仅担忧起来，眉间心头有一种不安渐渐滋生开来，我皱了皱眉头，忍不住用伤感的语调问道："老爷被拘在了何处？"管家叹道："前几日托里面当差的兄弟，打听到，说是老爷被软禁在城郊一处苦刑司中。"管家见我颇有怏怏之色，道："明日我再让人去打探打探。"我心中已是万般焦急，无奈不敢表现，勉力微笑道："出了这样的事，我心里半点着落也没有，一切麻烦管家了。"我让晴儿给了管家百金，"这些银两权当管家疏通打理。"管家自是明了，将银两揣入怀中，诺诺地退下了。我驻足厅堂门前，感受着此际迎面吹来的阵阵微风，心中竟然没有任何舒爽的感觉，只有凄惶之感。第二日刘管家回报，朱公确实被囚禁在苦刑司中，他已经托人打点好关系，今日可让我与朱公见上一面。我心中不禁有开始慌乱，真想此时便去，无奈故作镇定道："斗儿，与我更衣梳妆，咱们去苦刑司。"

斗儿闻言急切不已，拉住我的衣袖道："昔日老爷那样苛待夫人，苦刑司，且听这名字就让人毛骨悚然，夫人可还要去那样骇人的地方。"我恻然摇头道："不管他以前做了何事，待我如何，如今朱公蒙难我自会履行当日的承诺，也不要落下一个背信弃义的口实。"

当下也不多言，草草梳洗一番，就吩咐刘管家准备轿辇往苦刑司去。我心中记挂着朱公，却不是那残留的情分，我的心中只是想着当初的诺言，我白门虽为一介女流，却也明白道义二字，如今我的所作所为只不过是在践行我当日的诺言罢了，多言只是枉然，我只是想尽快见到朱公，想出对策。说着刘管家便引着轿辇往城外走去，方行至郊外，我掀开轿帘问跟着的刘管家，"已经行至何处？"刘管家指着前处，几所并排相连低矮的平房，说道前方便是苦刑司。我扶着轿撵，远远看去，却不觉里面是如何骇人，等到走进，便发觉那厚重的苦闷扑面而来，臭虫霉烂的气息，不知是从土壤中散发出来，还是在人的身子中，每个人的神情紧张而凝重。把门的有两名壮汉，刘管家已经先行一步，我的轿撵早已经停下，我看到他在耳语些什么，远远的他朝我招手，我快步朝他走去。

刘管家又往门口看守的衙差手中塞了些许银两，那衙差掂掂手中的银两，嘴角邪笑："你们可要快些。"踏进这个苦刑司，我几乎要被里面的气息给逼出来，多日霉变阴沉的气味在我胃里翻滚，我勉强屏住呼吸，因为气味呛人，我只好快步走着，没有细细端详那些被关押在牢房中的人，耳边都是犯人哭天抢地的呼喊声，和士卒皮鞭扬起，皮肉炸开伴随的悲号哭泣，不绝如缕的呐喊和乞求，这里如同人间地狱一般，看的我心惊，不知朱公呆着这样的地方，他又如何能够保全自己。

苦刑司闷热得紧，我被周遭的霉烂味一冲，愈发觉得头昏，刘管家打着笑脸走到那打人的衙役跟前低语了几句，那壮汉从人群深处拉出一个蓬头垢面的男子到我面前，道："这就是朱国弼，你们快些说话。见他走远，我一把拉住朱公的手，急切道："朱公，你没事吧！"朱公见我，整个身子直直的瘫倒在我的身上，我从未见他如此悲廖落魄，他紧握着我的双手悲泣道："白门你可算来了，我等你等得好焦急啊！"看着他衣衫褴褛的身子，我心中不觉得一股凄凉。我轻轻弯下腰身，仔细看着他饱受酷刑的身躯一阵心酸，悲声道："你放心，我一定会履行当日的承诺"想是这几日受刑挨苦，朱公的身上鞭打的伤痕结痂突起如小蛇，我拉住他道："朱公你别急，我们正在想法子救你。"朱公眼神突然之间有神开来，口中急道："当真如此？"我明白他的疑虑，连我自己也并没有十足的把握。"白门，往日是我对不住你，若上天蔽我让我有幸逃出升天，我定好好补偿你。"我心下一酸，颔首道："往日之事务须多言，如今你且自己珍重，我会在外为你奔走。"朱公凄凉一笑，"夫妻本是同林鸟，大难临头各自飞，白门不要学那无情飞鸟，我现在唯一的希望就在白门身上。"朱公褴褛的身子和几日枯瘦的面容，看起来更让人触目惊心，我心中又添了一丝不安。他的话，这一次真正打动了我，让我下定决心救他出来，即使我心中记恨他当日的千般不是，如今他的凄苦惨状让我还是不忍直视，我原以为他的落魄会纾解我当日的屈辱，只是我的心肠太不够刚毅，太容易就被打动，这大概也是我的弱处。我口中只道："你好好保重便是。"我默默片刻，才离开苦刑司。我又嘱咐刘管家给看守送了些银子希望不要太苛待朱公，一行人才回了朱府去。

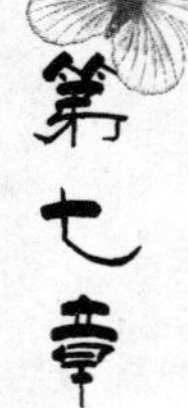

第七章 旧人犹有白门在，灯下相逢欲断肠

碧海年年，试问取、冰轮为谁圆缺？吹到一片秋香，清辉了如雪。愁中看好天良夜，知道尽成悲咽。只影而今，那堪重对，旧时明月。

花径里、戏捉迷藏，曾惹下萧萧井梧叶。记否轻纨小扇，又几番凉热。只落得、填膺百感，总茫茫、不关离别。一任紫玉无情，夜寒吹裂。

第一节　一世情缘若飞雪

秋凉时节，满地得黄叶覆地，犹如织锦地毯一般满满的覆着大地。朱府的堂中却也如这秋色一般，到处尽皆凋零枯黄之色，一片萧条的气息将朱府内堂包裹起来。地下落叶早已落满，却也不见人打扫。夜幕来临之时，犹如一张染墨的布盖住了整个朱府，蜡烛的微光慢慢地黑夜点亮，烛火的明亮满满爬上我静谧的面容，我的脸庞染上一抹温暖的红色。从苦刑司回来，我心中充满了苦楚和无奈，望着天空的星斗璀璨，我多希望银河之水从头而至，将我冲刷一番。在这恍惚的感觉中，仿佛身子轻飘飘如那秋风落叶一般，飘零只能搅动周围的空气，微波摇曳，将我泛到了苍穹中。

无比沉重的失落感压得我喘不上气来，我甚至无力去挡一下被风吹来的落叶，此时我实在想不出什么方法来营救朱公。我缓缓按住裙角，所有的期望，只盼望金钱能够赎回朱公。第二日我让刘管家细细打听了与朱公被囚之事那些个要紧的官员，听说江苏巡抚可在御前说上话，又是金陵同乡，早早递了帖子，以秦淮寇白门的名义，几日后收到回复，巡抚邀我共赏风月。于是我盛装打扮，前往巡府，初秋的巡抚府，池塘上飘起了一层白蒙蒙的淡薄水雾，仿佛初入仙境的一层迷障，巡按府内假山后的枫叶林鲜红血，远远看去如同天边的火烧云一般，庭院里的百花已然凋零，这秋日的清冷萧条更加凸显了。好在巡按府内的人气还在，，下人来往的忙碌到显得这里更有生气，我看着这里不禁想起了往日的朱府，心中大有一番感慨，感慨今日的境遇竟是如此糟糕。

我沿着花池一路行走，因心中念着朱公之事，无心贪看这里的秋色，越走越快，不料迎头撞上了一位老者，那位老者衣服华美，藏青色的袍子上绣满了各色的祥云。“这位可是白门姑娘？”那老者笑着问我，我福了福身

子："想必这是巡按大人吧，小女子便是寇白门。"巡抚和我驻足这花池，指着那花团锦簇的菊花问道："白门姑娘，早已在金陵听闻姑娘名动秦淮，早想要拜访，却一直无法得空，今日有幸相见。"我对巡抚大人微露笑意，"巡抚大人谬赞了，白门不过区区一名风尘女子，得大人挂念，方才是我白门之性，听闻巡抚在京，白门斗胆拜帖，氓大人不弃，相携步与池中，共赏着秋色佳景。"我此言一出，巡按微微吃了一惊，"早就听闻白门姑娘不似寻常女子，今日一见果然名不虚传。闻白门姑娘才色俱佳，更是有书香之韵，今日虽秋色深重，我愿与白门姑娘在此饮茶赏景，如何？"于是巡按引我自堂中来坐。令人斟上一壶雀舌，我细品茶香赞道"巡抚府中的东西果然不凡，这茶水色诱人，茶叶翠绿，冲泡香气不觉而出。想必是上等的好茶。"巡按抚须自笑。

我们又谈了诗词歌赋许久，我只等待时机成熟。我与巡按详谈许久后，见巡按兴致较好，便起身说道："无事不登三宝殿，今日白门前来有事相求巡按大人。"说着我起身伏在了地上，巡按见我如此，急急道："白门姑娘这是为何？有什么事姑娘但说无妨。"

"朱国弼被囚苦刑司，不知大人可否为之疏通。"

听到朱国弼二字巡按轻蹙眉头，我心中一惊，想必这是对其乃为难之事。

"我有听闻，这是前朝遗少，一个只会拍马谄笑的亡国小人，白门姑娘怎会和他有所牵连。"

我看着巡按道："旧时我曾受过他恩惠，如今他遇难我又如何能够袖手旁观？"他微有迟疑："姑娘还是知恩图报之人。"从前夫妻之事，我又怎么能说出口，只好道是有恩之人，我嘤嘤做落泪状："乌鸦尚且知道反哺，白门虽为一介女流却也知滴水之恩应当涌泉相报，我愿出两万俩银子，但求巡抚成全小女子报恩之心。"

"如此，容我思虑过后再答复你。"巡抚低首深思，我拜谢过后于是径自踏出亭外，看着巡按府墙上爬满了爬山虎，我心中也乱如一团麻，回想方才巡按的神色，我竟猜不出他的任何思绪。回到朱府，我连忙让刘管家把那两万两用一锦盒装着送到巡按府上。我日日焦急难耐，却也唯独只有等待。又过了几日，刘管家手执一纸卷，说是巡按遣人送来。我急忙铺开，上面写着事毕，看完我紧锁的眉宇松开。

我心情大好，虽然庭院中仅剩几多还未掉落的花，我也顺手折了下来插在房内，房内便有了些生机。须臾，府中闹做一团："老爷回来了。"

朱公进府，他站在我的面前，这些日子的刑罚让他一下子苍老了许多，要是那日在苦刑司见到他这样子，我定认不出眼前此人是当初那个潇洒倜傥的朱公。他微微苦笑："我回来了。"我道："几日不见，你更加消瘦了。"他淡淡地笑，却还是那一丝风雅："消瘦的只是身子，但经此一劫让我明白了人心变化是最能伤人的，却也让我明白了患难见真情。"闻得朱公此言，心中感触颇深，我默默不语心中不觉又想起了旧时的过往，不由开始生气，我转过头不愿见到朱公的样子。我冷笑，"这当真是很透彻的领悟。"我蕴着森冷的怒气，慢慢道，"想必当日我独守空闺，受尽人心的凌辱，朱公今日也曾感同身受。"朱公被我抢白得无语，又是许久的沉默。片刻我已经语气冷静："这些日子你受了不少的苦，快快进屋休息吧。"我又让斗儿准备了艾草给朱公去除牢狱中的晦气。我与他目视一眼，便转身离开。他来拉我的手臂，我用力将手抽离，直直的离去了。过了两日，朱公的精神渐渐好起来，还晋升了官位。我想那巡抚是定是费了不少的功夫，此刻他身上的伤病已经大有好转，看上去已经没有丝毫病态。我想我也是时候离开此地，返回倚月楼了。一日他下朝在书房中忙碌，我上前说道："我要走了。"他抬头，有些惊讶地看着我。声音有些暗哑，"别走好么，为我留下来，让我好好补偿你，"朱公神色开始激动，看着我竟然有些愧疚之意，我突然觉得朱公也不似以前那般心狠了，但是又有说不出的理由让我觉得想远离他，朱公说着便要拥我入怀，我急退一步，眼神坚定，道："我们之间不必太多纠葛，当年你用银子赎我出风月之地，今日我也用银子还你这一恩情.你我当可了结。"朱公语气低沉道："难道你对我已无半点旧情可言？不，你一定对我还有情，否则你为何如此辛劳为我奔走。"他的话让我觉得此人又如以前一般厌恶了。仿佛在他眼中，那些我夜夜哭泣低回之夜，所受的伤是他几句甜言就可弥补的了，他可曾扪心自问，当初他是如何伤透我的心？如今要我回去。在我的潜意识中，我对他的关心现在仅仅是兑现当初的承诺。 我黯然苦笑："我的心，已然被伤透，或者说已经没有了心。"朱公依旧叹息："终究是我负

了你，一世情缘若飞雪，难道我和你的情缘真的就此了结吗？”我并没有再为朱公的话而心头椿动，第二日，还未等到天明，我就带着斗儿回到了秦淮。

我和朱公的情义此生已然彻彻底底地随风飘散，不见踪影，再也寻不回了。

第二节　名动秦淮河

回到倚月楼已是八月初，八月三日是秦淮河畔及其热闹的日子，名为争花魁，这日倚月楼开席，宴请金陵公子，秦淮女子争妍斗艳争得花魁美名。羽灵穿着绯红绣锦衣，各位姐妹自是光鲜动人，色彩多娇，看得金陵公子们唏嘘不已。我身着一身紫色的上裳，翠色蓝底花枝相间的地裙，配上头饰上的珠翠头簪，玉佩环身，也不输于各位姐妹。这日的倚月楼中簇宾客甚多，来往的客人嬉笑着为宾客斟酒。

未央池中不断有舞姬摇曳身姿。此时，两位歌姬合奏一曲为妙之曲，楼下画师也正合着曲子作画，倚月楼越发显得风月。轮到我登台，台下突然传出了一声："不若白门绘一幅丹青如何？"我畅然举眸，抿嘴一笑道：有何不可，说着有丫鬟在未央池中摆起了一方桌椅，上面按着宣纸和笔砚。我轻轻提前脚边的裙摆，一步步轻柔地踏着台阶往那桌椅走去，等待坐下。舒展着宣纸，轻轻平铺。脑海中细细勾勒出一幅绝妙的场景，微笑凝眸，细想如何在这纸上展现我脑海中锁描绘的场景。一切无源的思绪仿佛又有了出口，我轻轻点蘸墨汁，凛然的在白纸上勾勒出一条条的黑线，挥墨起收执笔，尽兴挥洒自如。在旁，有管乐人弹奏一声声绝美的音乐灌入我的耳中，更添才思。台下的看客没有了刚才的喧嚣，只是静静的注视着我，全室的哗然在这一刻平静的如一汪秋水一般，只是细细的听见我的笔尖在纸上划过的声响，窸窸窣窣的混杂在管乐声之中，不消弥时，我合卷起身，在旁的丫鬟立即上前，将我的画作摊开与各位，我盈盈举眸看着各位看官，台下旋即发出滔滔不绝的喝彩。低首嫣然含笑："雕虫小技，今日白门献丑，让大家见笑了。"我做一幅花魁争艳图，将今夜的良辰美景记于纸上，画上有美人翩翩起舞，又有才子举杯对盏，美人体态婀娜，才子风流倜傥，全被我淋漓展现在了画

中，虽无法细细描绘，但是那粗狂的描绘却把歌舞升平的盛况展出，让人望画而知夺魁盛况，画中人的神情姿势个不禁相同，我还将每位姐妹特别的衣饰一一描出，时间虽短，但是看不出一点粗糙烂作。自小我便习得画作，如此庞大的场景，要将它传神的描绘出来，对于旁人，恐怕是困难的，但是于我而言，却只不过的雕虫小计一般。突然看客中传来一阵骚动，我细细一看，原是好友震心，震心朗声一笑，：“只知道白门诗词造诣高深，这栩栩如生的画作更是让人堪服。”我转身浅笑还以感激，道：“多谢于公子夸奖，白门有愧，可要贻笑大方了。”雪琴拉我坐下，起身面带喜色向大家道：“今日在座之士皆为风流雅士，精于诗词，可愿为这画作填词？” 震心听闻罢凝神思索片刻，转身持笔在手，桌上笔墨已备，震心随即挥洒起来。片刻即好，雪琴亲自接了呈给大家，大家连连道：“好！好！”说着有人畅声吟道：“秦淮有佳人，盈盈才情现。春色由舞出，情谊飞鱼间。”雪琴越吟兴致越高，一时吟毕，向我笑道：“于先生的诗作越发精进了。在这画作之上，锦上添花。”羽灵笑道：“姐姐才冠秦淮，何不附作一首相和？”我本想推辞，但抬头却见众位看客一一拍掌，拗不过众人的热情，又闻震心随后道：“请白门姑娘赐教。”

我想了想，声音悠扬道：“水漫青苔脚下踏，旋即清风耳畔杨。不觉身轻曼妙舞，已是曲尽自叹息”吟罢我面色带羞，看了一眼震心，随即微笑道：“白门才疏学浅，在各位才子面前卖弄了。”说罢举杯：“白门先干为敬，敬诸位一杯。”一仰头一饮而尽。台下又是一片掌声，立刻有人道：“花魁花魁。”众姐妹起身向我敬酒：“恭贺姐姐拔得花魁头筹。”侧头见震心亦是拱手祝贺，我心中满是欢喜，脸上的唯一始终不减，对视震心，我粲然一笑之。于是，众人在一片欢腾中继续笙歌。

第三节　秦淮畔再遇韩生

案上名酒佳肴，又有四柱管乐耳畔齐鸣，令人心旷神怡。美酒甘醇清甜，但我毕竟是一女子，三巡过后，脸上已经开始烫起来，头也越发昏沉，见众人把酒兴致丝毫不减，我悄悄嘱咐了羽灵便带上斗儿出去躲个清静也好醒一醒酒。回到怡香苑，晴儿见我进来，忙迎上前来扶我进门休息。我将晴儿递上的打湿的手绢捂在脸上道："这天气也奇怪，都已经八月了却还是这样的燥热。"斗儿陪笑道："小姐众星捧月，今日气氛已是如此火热，难怪小姐出汗。"我饮了一口茶道："我也不喜欢出尽了风头，可今日却是身不由己。"晴儿边替我卸妆边插嘴道："这秦淮河畔哪有避得过的风头。"我闭目养神思考，没有回话，斗儿此时道："小姐今日丹青一幅让众人折服，且又有好友相助，小姐今日不想出风头也难了，拔得头筹已是必然。"

我睁眼看着斗儿和晴儿道："你们俩个丫头嘴巴这般凌厉了。"斗儿稍稍一笑吐了吐舌头："都是小姐教得好。"我微微一笑，故意揶揄："你们这般嘴上功夫，我是比不上万分，何谈教你们呢？"我换去身上紫色上衫，着一身浅绿色长裙起身，斗儿问："小姐现在就要回去？"我笑道："此时我才不想回去，今日这倚月楼必然是整夜笙歌了，再回去肯定免不了喝酒，这酒已经够了，我想去门外走走！"说完我便起身往外走。

走在院内果然感觉清爽了许多，看着倚月楼内欢歌笑舞，倒觉得此处更惬意。这院内别有几分凉爽之意。我闲来想想无事，便与斗儿一起走着赏花，秋日的花颜色胜于夏日，虽然枝叶已然渐渐枯黄，但是花开得惊人。我与斗儿边看边品论着，浑然忘了今日乃是倚月楼最热闹的日子。

走得腿脚酸麻之时，忽见身旁有个平整的方石头，便将裙摆向上卷起，屈腿坐了上去。这时四周静悄悄的。我随即玩心暗生，随手采撷了地上零零

散散的野花，放在手心中呼呼的吹了起来，斗儿“嗤”一声笑：“看来小姐得了花魁心情大好啦，竟玩起小孩子家的东西了，小姐吹得真好听，也教教斗儿好么？”

我笑道：“斗儿，这花魁并不重要，我高兴的是我又回到从前的白门了。”斗儿听后摇摇头“小姐说得深奥了，斗儿不懂，不过斗儿知道小姐高兴就好。”我朝斗儿笑了笑：“心中无愧，心中无羁的感觉罢了，斗儿无需懂那么多，你不是想学吹叶子么，我教你就是了。”

我刚刚把叶子递给斗儿就听到远处有脚步声传来。斗儿疑惑：“什么人也像小姐一般出来寻清静么？”我果真看到远处有一醉酒之人东倒西颠地朝这里走来，我本欲和斗儿离去，但是总感觉此人十分眼熟，但却总想不起究竟是哪一位故人。在我驻足思考的片刻，那人渐渐走近。

那人走近之后我看清了容貌，竟然是韩生，我心下微微吃惊，不仅微微有些激动地微笑道：“韩公子，许久未见。”他微显诧异之色，：“白门姑娘还记得韩某？”我维持着表面的客套：“那便是有心恐怕也难忘韩公子旧日之言。我要歇息了，韩公子这就请回吧。”韩生见我有去意，慌忙之间，奈何酒喝得多了，一个直身的动作差点跌倒。我对斗儿道：“去扶韩公子坐下歇息，我要歇息了。”斗儿连忙上前扶住。韩生对斗儿摆一摆手，眼神中充满了愧疚：“你到底还是在记恨我。”他强撑着身子，从腰带之间拿出一把纸扇。我清晰地看清他。他的目光有神，但也带有一丝无奈，好像已经后悔了当日之事。我分明看到韩生的脸庞上竟多出了几丝皱纹，仿佛一下子老了。韩生对我说道：“难得白门没有忘记韩生，韩生实在愧疚，今日再见白门，韩生更是无地自容。”我有一刹那的恍惚，仿佛回到了初次见到韩生的那日。

我轻轻慨叹道：“没有记恨之说，我本是风尘女子，当日那般看不清自己，却还是纠葛，只是年少无知罢了。”他摇头，只把以前的时光之于一笑。“总是因为我的缘故，才使得你赌气嫁个朱国弼，听说你受了很多苦。”我抬手制止他的话语道：“此事与你无关，你也不必再说下去。”韩生摆了摆手，把手中的纸扇打开。随着纸扇展开，我心中的悸动再也控制不住，扇中竟然是我最熟悉的身影。一名女子体态轻盈，一袭淡雅的锦衣，只是略施粉黛，细细华美，淡薄的红晕、柳叶细眉、朱唇含笑，风姿绰约，细细一看，正是我的模样。画中的我长发飘动，画色也靓丽，可见此画极为细致，画者用心颇深。我按捺不住心中之情热泪夺眶而出，即便我及时掩面激动之情也已表露无遗，我上前轻轻摩挲着画卷道："此画竟能将我描绘得如此传神！韩公子有心了！"

"白门姑娘的天香国色，恍若天人。这把扇子就我依据白门姑娘的容貌所绘，留此扇在身，偶尔轻打蒲扇，姑娘的容貌就会展现在我的面前，只为安慰些许思念。"闻言，我停住脚步，竟忍不住留下来了。心中的热流转化为了款款深情，我看着韩生，泪水又一次涌出。这秋季原来是如此伤感。

伤感之情一连缠绕我多日，我心里在这段时间从未感觉到安慰。那一丝丝冲动一直在心头难以挥去，不觉让我越发焦灼。夜晚，斗儿在我房中点了一柱安神香，我闻着这甘甜安静的味道越发感觉困乏，内心的烦躁让我无心思考，竟然就这样睡了过去。

第四节　倚月楼之梦

夺得花魁美名之后，母亲觉得怡香苑已经不适合我居住，一日将我领到一处叫衡芜馆的地方。衡芜内室有一合红木古橱，里面装有典雅三五品好的砚台，一溜整整齐齐放着。架子上还搁着精装的诗词典籍，清一色的藏青。窗前摆放着一张书桌，宣城堂纸随意铺散开来，白白济济，只等着人去落笔泼墨，又有雕花青木笔筒，皆是古雅精致的玩意儿，雅致宜人。窗下有软榻，榻边旁边放着几盆鲜花，幽香扑鼻。厅内还有一张金花秀丽的屏风，再往里头便是睡床，床架上雕刻着花团锦簇的花纹，看着这房内的一切令人有一种轻松的感触。

我走进衡芜馆厅堂转了转，看着这里的布置感到了母亲和姐妹们的用心，这里的雕饰、花草都是我平时喜爱的。我走到窗前，打开了窗看到外面一所雅致的园子。园中种植的也不是一般的植物，乃是一些梅花，这些梅花开得正盛，虽然已经是即将入冬了，但这些花色映衬得犹如初春。我愣愣地看着窗外的一切，竟不知道身后羽灵已经进来了，而且面带微笑地驻足望着我，见我一时出神也没有唤我。过了许久，羽灵悄悄地走到我身后，轻声叹道："也不知道哪日我才能求妈妈赏我这样一处园子，看姐姐这样入神，想来是喜欢得过头了。"我稍稍一惊，随后也就释然，只是浅浅一笑，继续赏花。

羽灵走到我的身旁，目光齐齐地和我一同看向窗外："姐姐这园子真好，妹妹可是喜欢得很，真想赖着不走呢。"看我表情未变，她又道："也不知道姐姐是不是会赶走妹妹？"我笑道："你喜欢，经常来便是。"羽灵点一点头。高兴地谢道："这里真让人喜欢，以后我常来陪姐姐。"于是斗儿和晴儿欢天喜回到怡香苑收拾行李。

到了当晚夜间，我已住在衡芜馆中。居室雅致，屋内通明和畅，床榻被褥温软，开窗通风敞亮，低头嗅到满园梅花清芬。我当夜睡得十分舒适，竟在梦中梦到自己来到了一处远离尘世之所，在这里无外人打扰，只有身边相熟之人，姐妹们在一起嬉笑打闹，无拘无束，我真想在这梦中再也不醒来。 忽然，恍惚地仿佛还是在朱府之中，熟悉的的院墙红瓦，还是那样的安详，院中的景致竟也变了模样，没有了以往的尘俗之气，我信步院中，一个熟悉之人也不见，倒也显得清净了。突然，我好像听到了朱公唤我的身影，我转身见朱公来到我面前，笑容可掬。我本欲还礼答话，突然朱公又变得怒目而视。吓得我赶紧转身逃跑，朱公的这一表情让我惊恐难忘，只是我感觉双腿如黏在地上一般，无论如何用力竟然迈不开双腿。我急得哭出声来，抬头却看到韩生款款而来，我本以为韩公子来好心相救，怎料韩生来后竟说："白门姑娘，我特来与姑娘道别的，我这一走了了无期，望姑娘日后自己多珍重！"我大喊一声醒来，又是害怕又是惊恐。

醒来之后我竟不敢再睡，梦中之事伤得我着实很深，每当我闭上眼睛仿佛就看到了朱公的狞笑、韩生的无情。这一夜我竟感到无比的寒冷，想来也是一种无助。于是我干脆起身着衣下床，想到院中随意走走。秋日的夜里还是很凉的，我感受着院中的凉意，却不愿意再回到屋内，这气节的凉气竟还不如我心中的凉。我边走边回想往事。

儿时的一幕幕又再次出现在我眼中，我仿佛看到了自己的母亲，看到母亲那不苟言笑的表情。想起了往日母亲离别的话语。"湄儿，娘再不能照顾湄儿了。你别怪娘，娘也不舍，但是你姐姐与你父亲已经是我肩头的大山，压得娘亲站不起来身来。湄儿你独自一人在朱府要好自珍重，来世娘亲若有机会，定当好好补还湄儿。你离开娘亲后，一定要保重自己，万不可被人害了啊。湄儿……"

我想着想着竟也流下泪来，心中犹如刀割一般疼痛。我擦拭了一下泪水，仰起头看着院中的梅花，希望心中的泪水也倒流回去。在朱府我受尽了屈辱，那柳眉的嗤笑之声还在我耳边回荡，回到此处，今日我全力奔走，也改变不

了命运一般。

院中的梅花传来了淡淡幽香，我仿佛走在花香的间隙中，然而这诱人的花香却被我渲染出了悲伤的味道，令人闻着都有一种伤痛之感。我走到自己也没有了感觉，又回到了屋中，我尽力睁开双眼不愿睡去，直到我忘记了一切。

第八章

岁晚容多病，风露冷貂裘

景萧索，危楼独立面晴空。动悲秋情绪，当时宋玉应同。渔市孤烟袅寒碧，水村残叶舞愁红。楚天阔，浪浸斜阳，千里溶溶。

临风，想佳丽，别后愁颜，镇敛眉峰。可惜当年，顿乖雨迹云踪。雅态妍姿正欢洽，落花流水忽西东。无憀恨、相思意，尽分付征鸿。

第一节　多铎

清兵入关以来势如破竹，逐渐占领了四川、河南等地。顺治二年春，多铎奉了移师的命令，从河南出发，明军将领多贪生怕死，许多人不战而逃，清兵长驱直入，如入无人之境一般。虽明军中大多不战而降，甘为亡国将士，却还不乏有爱国将士，沿河高筑城墙，互为联络，互为犄角，抵御清兵。虽然已经是清王朝的天下，可是每每夜深，我端坐在案前，想起那些为国殒命的忠胆义士，思绪难当，心中郁结。颂古词，“千古江山，英雄无觅孙仲谋处。舞榭歌台，风流总被雨打风吹去。斜阳草树，寻常巷陌，人道寄奴曾住。想当初，金戈铁马，气吞万里如虎。元嘉草草，封狼居胥，赢得仓皇北顾。四十三年，望中犹记，烽火扬州路。可堪回首，佛狸祠下，一片神鸦社鼓。凭谁问：廉颇老矣，尚能饭否？”心中无限惆怅，意气风华又不知如何排遣，又忆柳如是当日短衣铁马，枭雄难挡巾帼之态，却又让我自叹不如。亡国歌姬，此时犹唱，这一坐，每每又是一夜。

一日倚月楼中突然几名手捧锦盒的大汉来访，径直入了我的衡芜馆，又有几人搬了礼物上来，是一把精美绝伦的红木躺椅，精美绝伦，可见工匠呕心沥血，在旁的斗儿和晴儿尽皆惊叹。又端上了几个锦盒，打开满是绫罗首饰，又拿出一个五彩锦盒，打开后里头放着一整套的雕花明玉首饰，耳坠项链手镯一应俱全。看着这么多如此贵重的礼物，我心中满是狐疑，问是何人所赠，那几位大汉只说是贵人，问是何贵人，他们又不言不语。待礼物放下后，我向斗儿暗使了眼色。斗儿见机取了二十两放在那些大汉手里，满面含笑道：“这是姑娘给各位大哥买酒喝的。”那几位大汉稍作推辞，便笑吟吟接了，道谢后转身离开。我细细地端详这一切，脑海中推究到底是何人之

际，随后一位妇人走进我衡芜馆，那名妇人颇有些年纪，打扮得也贵重，头上插着桐华翠金簪，耳朵上两个琉璃玛瑙耳坠，紫色绸缎明花绣祥云薄上衣，茶花鱼纹路棉锦裙，手上戴着玉镯子，罄色清润，眼神中就透露着精明的样子。“这位就是白门姑娘了吧。”我福了福身子，客客气气道：“小女子便是，寻常这衡芜馆只是男子入来,不知夫人今日前来所为何事。”那妇人笑眯眯道：“白门姑娘你的福气到了，我是多铎将军派来的。”听到多铎二字，我的心微微一惊，刚才所有的疑问顿时都有了解释，却还是在脸上强打笑颜。我笑道：“我道夫人不似普通人，原来是侍奉在多铎将军近旁，听闻多铎将军骁勇善战，夫人在将军身旁，自是也不一般。”那妇人看到在旁的红木躺椅，走过去，手抚摸着椅子，神情略有些得意，道：“这躺椅是多方巧手工匠连日赶工细作而成的。多铎将军倾慕姑娘，不能拿寻常的东西将就送了礼物，所以连夜派人寻访能工巧匠专心打造此宝物，为姑娘送来了，软榻配美人，也不知道姑娘是否中意。”那妇人恭恭敬敬道：“这是多铎将军赏的礼，多铎将军听闻姑娘名动秦淮，仰慕不已，特意让人先行送来。”

随后有看了一眼在旁的织锦绫罗，打开了那个五彩锦盒。“那些绫罗织锦只不过是平常之物，多铎将军说这套首饰还算如意，首饰所选的玉才也算是上等材质，颜色柔和，佩戴得体，因此买来相送，衬得姑娘。将军说了，姑娘喜欢便收下罢了，不喜欢他就再遣人送来别的新奇玩意。”我上前细细瞧了下这套明玉首饰，我知这套首饰绝不下千金，可那妇人只说得如此随意，神情风轻云淡。多铎所送之物价值连城，不可估量。于是道：“请夫人替我谢过多铎将军，这礼白门心领了。”又唤斗儿上前，吩咐道：“外头路难行，你送夫人出去。“这妇人走后，斗儿扶我坐下帮我卸妆，晴儿小心翼翼地将躺椅和首饰收纳到内室里去，不由咋舌道：“这多铎将军好大的手笔。”我颔首道：“多铎将军是什么身份？南征北战多年，战功赫赫，什么奇珍异宝没有。”斗儿思忖着道：“多铎将军送如此厚重，小姐如何想？”我从镜中看着自己头发疏松，面色稍微憔悴，不觉刚才有些失礼，暗生惭愧，慢里斯条道：“多铎送我如此贵重的礼物，只不过是听闻我美色，天下哪个男子不爱美女，珠宝赠美人，哪个寻常女子不心动，何况又是如今如此名声赫赫的多铎将军。”斗儿小心翼翼地道：“可是那多铎屠杀扬州城十日，如此心狠手辣之人，小姐不怕他一个不高兴便身首异处了吗？”我伸手轻轻揉了揉太阳穴，感觉精神稍稍好转，缓缓道：“我只是那寻常女子，无法改变自己的命运，我早已经谄笑献媚与人习惯了，也不会抵着那多铎将军的脾气迎难而上。你去帮我将床铺好，一日的折腾我也极其困倦了。”

躺在床上彼时桌上的烛台还未熄灭，一点的明亮，确实满屋子的暖光，散漫开去，铺开了满天缤纷。这样静静的看着烛光，无言、沉默，享受者这少有的平静。好似这种平静，与我只是奢望，此生是无法再得。表面来看奢华雍容的生活，其实暗潮涌动的繁杂，连自己也不能自制。

第二节　韩生的阴谋

多铎遣人送来礼物的第二日，韩生便来倚月楼看我。此时的我心里如同一团乱麻，索性拿起笔来在纸上随便乱画起来。脑袋里却是空空一片，我不禁有些感慨，为什么我的命运石如此多舛，为什么我要受这样多的苦楚。我一个坐在梳妆台上，托腮凝思。妆台上一应的首饰发簪皆整齐罗列面前，我的目光却不知往哪处放去。想到这些，眼睛里面泪水盈眶，一滴滴在纸上。忽然听得背后一阵轻微的脚步声，声音是那样的熟悉，我知道是韩公子，我抬起手臂拭干眼角的泪水。不知何时，韩生已然悄无声我的身旁身边，扶着我的肩膀，从镜子中间望向我，轻声道："白门姑娘怎么哭了？"我闻得是韩生的声音，泪眼婆娑的双眼连忙睁开，转身站起，伸手赶紧揩去眼角的泪痕，勉力挤出一丝笑意："韩公子来了怎么也不知会一声。"韩生按住我不让起来，笑道："昨夜梦见姑娘，于是清早睁目就不自觉往姑娘这衡芜馆走来"我直了直身子端坐好，轻声掩饰道："公子来得太早了，让你看见我这番模样，真是见笑了"他还是觉察到了我眼角的泪痕，端视我的脸瑕，徐徐道："姑娘这是有心事？"不想我本以为掩饰得很好的悲伤，竟然被他如此轻易的觉察到，被他提及，我心中的苦楚却更加，忍不住嘤嘤哭泣道："要说以前朱府是猛兽，那多铎就是饿虎。如今我刚刚逃离了虎口却又要往火坑里跳……"听到我所言，韩生的神情纠结在一起 "姑娘何出此言，听闻多铎将军仁厚，又何来火坑之说？"听他此言，我心中大惑不解："韩公子难道忘记了亡国之痛，怎么对一个杀我百姓，屠我城池的满人鞑子有溢美之词。"韩生的脸上有了一丝难堪，很快那份难堪转为了平静："确实，我恨那鞭挞我河山的清狗，心中日夜茹毛饮血，想要将他们碎尸万段，只是，白门姑娘你一介女流，我不想你背负着我们男人的情愫，凭白葬送了自己。”

我虽伤心却也决绝：“韩公子此言差矣，天下兴亡匹夫有责，白门虽是一介女流，怎教你如此把我看清，为了保全自身荣辱可以舍弃道义廉耻？这世间男子的心我多半已然看透，又是那冷血杀人如麻的多铎，直叫我心惊，每日惴惴不安于虎口，即使面前饕餮大餐我也食之无味，终日绫罗绸缎我也如芒刺在身。”韩生的面色沉静收敛道：“姑娘这是准备拒绝多铎将军？”我眼中是水汪汪的雾气：“我心中自是千百个不愿意，可我……我又如何拒绝，我不过一介区区女流，手无缚鸡之力，我的命运一直由不得我自己做主，最是不得已的秦淮歌女。我只觉得我可怜，比那猪狗还不如，那畜生生气了，还可发怒咬人，我却如砧板鱼肉任人宰割，却还只能强颜欢笑。”

我一口气说得痛快，却没想气息跟不上，接连开始咳嗽。心中更加压抑。我逼视着韩生:“若是以前，心中无牵无挂也就罢了，如今心中却是纠葛难当。当日朱公之事我找你倾诉心肠，而你无视我所有的情意。只一言不愿为我这为一介烟花抛弃自己为国厮杀，建功立业的的显赫前程，清狗不除，国难当头，百姓岌岌可危，韩公子不愿为了家室羁绊，白门自当明白，你考虑了种种却从来没有为我考虑过半分。”我的眼泪秫秫地落下，“不晓得我在你心中的地位是否连那鸿毛的重量还不如？可是如今，白门却还想再问一句，韩公子是否还对我有情？是否愿意带我逃离这个是非之地。”我看着他惊讶得微张的唇，道：“或许一直是我太过高看自己，世人说得没错，秦淮女子的爱情早就随那秦淮河畔的流水逝去，再去追，只是惘然，当真如我对你之心？”韩生略有些躲闪：，“姑娘这是让韩某羞愧难当。”我嗤笑抚着她的肩膀，道：“韩公子无需如此，我只是表露心声罢了，白门本没期望韩公子可与我较好，只是心中有时妄想一番。公子胸怀大志，白门怎能不支持公子。公子日后定是顶天立地之人，身边自不会缺少红颜知己。白门只望日后公子功成名就之时还记我，还有机会与公子见上一面，谈心赏景。”韩生神情暗淡，额上的冷汗擦拭完立即又满，眼神开始躲闪，脸上的愧疚也越发凸显，可惜这份愧疚中更多的是无奈。片刻，他叹息着仿佛是安慰自己。

看着韩生，想着从前的种种往事，我不禁有些疑惑了。爱情对韩生也是重要的吗？他会真正理会我的感受吗？恐怕不是吧。韩生的双眼惊恐迷茫，似受了惊吓一般，半晌，他身子凛然一下，连忙推开几步：“白门姑娘竟对韩某如此深情，韩某实在有愧。但姑娘无需如此悲伤，韩某不是无心之人，日后韩某达成夙愿，定当回来与姑娘畅饮畅聊。”他的话语让我的脑海懵懵懂懂，分不清现实梦境，我亦无心去想如何是好呢？担忧更多么？我是这世间所有男子花钱就能得到的女子，如今被这多铎看上，威慑他的，足以让天下人面露怯色。

韩生此言，即使我心中悲凉，却对他依旧充满敬慕，起码他的心中装的是比这世间情爱更加厚重之物，他的话语扰动这我的心思。我静静地挽了挽头发，随意加上一个玉饰珠簪，算是梳妆过了，他平静道：“白门此刻如果能笑一笑，就更加美丽了。”韩生心思细腻，让我觉得他的温柔不同这世间男子一般。我默默无言，庭外的花香从窗内蔓进，花的清芬驱散了房内污浊的空气，颇有清新之感。我叹息道：“美丽与否我并不在意，有时我厌倦了我这副皮囊，若我生得寻常些，命运就不会如此多舛，我也能寻个寻常人家嫁为人妇，虽清贫，也能安稳一生，享尽天伦。”他抚摸着我柔软的长发，随后微笑道：“白门的倾城之貌，是多少平庸女子羡慕不来的，又令多少男子为之倾心不思茶饭。”我的眼眸一瞬不瞬地望着他：“那么韩公子呢，你也曾为我茶饭不思吗？”韩生的眉峰轻轻蹙起，淡然道：“那日之后，我与你只是淡淡的知音。”我没有再说什么，我为自己选择了最华贵的衣衫着上，神情已经回复自然。我没有再多言什么，把那些话埋在了心底，我对着韩生粲然一笑。

第三节　初心难拾，丹心不变

从再次遇见韩生之后，我的心竟然像是又回到了少女时候的样子，偶尔想起韩生,脸上还会带些少女的潮红,或许,他一直在我心里就未曾离开吧。

我许久没有去复社诗社了，如今江南已然失守，眼看着清兵就要直入金陵城，大家害怕扬州惨剧再次发生，一日复社相聚，大家只怕是最后一次相见，各自戚戚然，心中愤恨，却又无处可以发作，有复社一人独自捶打胸口，七尺男儿只是默然落泪。回来时院中斜阳满地，震心与我和羽灵同归，都是面面相觑，一路的尴尬，回到倚月楼我们在庭院前的石凳坐下。羽灵看了我一眼，嘴唇动了一动，犹豫了好一会，还是说了，“前几日听闻那位多铎将军遣人给姐姐送来了礼物。”

“嗯。”我颔首回答。至于送什么，我并没有说。略整了整衣裳，只听了一句人就愣住了，羽灵叹一口气，无奈道：“姐姐这要如何应对？”听羽灵这样一说，我觉得心里好像憋着一口气，生生地压在我的胸口之上。我拿起桌上的一杯茶水，一下子扔到地上，脆生生的碎片声像是砸在了我的心上。[已修改跟甄嬛传情节相似，已经修改] 震心望一望我，温言向羽灵道：“白门心里不好过，难免气急些。”震心虽是对羽灵说话，但眼神却是看向我，我顿时觉得心中顺畅了些，笑一笑道：“是我性子太急了。妹妹不用担心，姐姐会想办法应对的，妹妹也要沉住气”

斗儿捧了茶水送上来前来，眼神中带有一丝担忧。羽灵在旁道：“难怪姐姐如此生气，那多铎，听闻是血腥残暴的莽夫，姐姐定是受不住这样的人。”我怅然低头，出了一回神道：“我的心似有一块大石堵着，压得我心口憋屈得难受。我不愿再做何人的专宠，被人玩弄后丢弃的日子太过难熬冷清。从前我过够了，今日实在不愿意再品尝这种生不如死的滋味。”羽灵亦发愁，道：“可是那多铎，如今也不好直接回绝了他呀。若是姐姐态度太过冷淡，直直的将他拒绝，他震怒后果不堪设想，可是委屈姐姐豺狼在旁，又实在委屈得很。”她稍稍思索了片刻，道：“我们要好好想个法子。”我只是侧首，淡淡道：“这一切只不过是困兽犹斗，徒增气力罢了。”羽灵神情激动，胸口起伏。“却也不能如此坐以待毙”我突然抽一口冷气，脑中出现一个害怕的念头，说道：“又能如何应对，我一人性命不足为惜，是怕他一个震怒，牵连了倚月楼的众姐妹。”羽灵绞着衣带，咬着唇看我，神色复杂，只是微微发怔。

见我神色伤感轻声说道：“其实再想想，也并非只有坐以待毙这个下侧，我愿意为白门姑娘筹划，逃出这秦淮，广东有个刘员外与我自幼相识，情分自然不一样。我和他打声招呼，你暂且去他那里避难。对外就与多铎说，你突然患了疾病，去找一具死尸，弄花脸庞，看不清相貌草草将她埋葬，就当是你。多铎在如何垂涎与你，此时也无力回天。白门姑娘你说此法可好日后再寻一个愿意真心真意待您的人，彼此又是相识了解。姑娘何不做此打算。”她见我只是默默抱手不语，放缓了声音劝道：“白门姑娘莫要担心，我于震心绝不是罔顾道义之人，白门姑娘的事情于某定当竭尽全力帮姑娘姐离开这是非之地，事情虽然为难，但还是值得尽力一试。”震心的劝导，我全部记在了心中。

可是此事风险极大，一旦走漏风声，恐怕牵扯人数众多。我只问：“于先生如此为我打算，恐怕一个不小心，你也难于免于灾祸，这又是为何？”震心的话清冷而明白：“为了信义。”

凄凄芳草，迢迢远山，淡淡的红霞带走了白日的暖意，夜里的萧索一点点漫上来脸瑕。人世间无休止的烦恼，当真是躲到哪里也是躲不完的。

天色渐渐昏暗了下来，屋外空旷而寂寥，我仰望上空，空中仿佛被厚厚地泼墨了一般，一层一层，一叠叠的黑色越来越重地压在眼前。那“信义”二字深深扰动了我的心我只觉得倦怠而厌烦，合上双眼，淡淡道：“震心兄的好意我心领了，容我我自己好好想一想。”这几日，我每日都在思索震心的话语，可是心中一直无法决断，生怕一个不小心害了旁人。一日午后，我听从安排特意呆在屋中没闲坐，且安排事项打发了身边的人出去。震心准时而来，屋中早已布置妥当，这日我在屋中多添了几束鲜花，让香气更重，此景只为了让人感觉我性情依然开朗。震心来后我为他泡好茶，等他先开口。没想到震心对我先笑了笑，“白门姑娘今日的脸色甚好，面若桃花一般。”或许是他轻松的话语感染了我，我原本的忐忑不安之情也稍稍平复了下来。

震心坐下与我一同品茶闲聊，似乎没有任何情绪。闲聊中，我温言问道：“若我没有记错的话，我和震心兄已然相识了五个年头。”他看了我一眼，笑道：“白门姑娘记性最好，我们相识却又五年的光景了。”我不禁一阵感慨万千，“五年的光景，说长不长说短不短，可这五年的情分当真值得震心用性命为我博得退路。”他感叹道：“人生如白驹过隙一般，若不为真情，人徒留活在这世间，犹如蝼蚁一般，每日碌碌无所为，又有何趣，为了那道义而死，如屈原一般，也算是名垂千古，让后人铭记。”我符合道：“白门钦佩震心的大义，可是因为我的事情牵连到震心我心难安。”

震心略略迟疑后深以为然，道：“我的计划缜密，定是出不得差错。再说事情败露，白门已然远走，即使我被擒住，我定不会将你的行踪泄露半句。”我摇头道：“震心此言差矣，我岂不成了不仁不义之徒？”震心见我神色渐渐焦急，不由满脸愧色，忙忙道：“我并无此心。”我只作不觉继续道：“震心知信义，你岂知我若答允你的计划，就是为了一己之私将你推到悬崖的边上，震心待我情深意重，我又如何能够不揪心。是我连累了震心，想一想就就觉得我活在这世上只是个累赘。”震心听闻，脸色惊异，急忙安慰道：“妹妹可别做傻事。”“纵使我再如何厌恶这躯体，也会擅自保重，若我突然殒命，只怕那多铎心不甘，苛责其他人。我最是不愿如此”我用帕巾拭去了脸上的泪。震心见我如此说，好像略略放下心来，只是一时不知如何回答，楞楞无言。

我启唇道：“震心兄可曾还记得我们初次见面的情景。”他的神色温

柔地沉静下来，“怎么会不记得？那日李十娘寿宴，正见你梳着垂髫双鬟，美若天人，遇到那刁专秀才却又不卑不亢，日后与你深交，又被你的重情重义所折服，如此才色俱佳的女子世间实属罕见。”我微微而笑，旧时初入秦淮之事，与才子交好。在如今回首看去，亦是格外珍贵而美好的了。那些无忧无虑的岁月，就像是灿烂的夏花，只是一味享受这极尽的美好，当时怎么会知道，日后的道路会是如此的艰难，难道我无心去走也要被迫前行，难道我奋力挣扎却也脱不开枷锁，只能努力忍受着伤痛走下去。

因为从前日子的甜，越发衬得后来的人生路苦如黄连。虽然一百个不愿，还得一口口地将这些苦楚生吞下去。黄连苦口利于病，但是这些苦楚只是再将我折磨的人鬼不分罢了。我无奈地叹了一口气，语气中已有了几许无奈，怅然道：“那时候见到震心和嫂子，你们并肩相携而走，只觉得伉俪情深，让旁人及其羡慕。我那时候就想着一定要找一个如同震心大哥一般的男子，好好地被他疼惜，如你和嫂子一般恩爱白头。”我转一转神色，“只是白门福薄遇不见什么好男子，如今却十分羡慕嫂子，有麟儿和如此疼惜她的震心大哥，当真是集了这世间女子所有的希冀。”震心听我如此说，眉宇之间荡漾起幸福的暖意，半晌缓缓道：“确实如此，得妻若此，是我的福气。她又不辞辛劳，怀胎八月，受尽苦痛为我产下麟儿我的心中更是感激。”我摇头，温言道：“震心大哥口口声声说要信义，可是却违背了此言，你为我我这样一个外人，如今要舍弃妻儿，深陷囫囵之地，以身犯险，若你不在了，嫂子和那个嗷嗷待哺的麟儿就是去了丈夫和父亲，他们孤儿寡母，日后生活必定过得艰辛无比，震心大哥当真如此狠心？”

震心无言以对，想要张口辩解什么，神情冻住，仿佛一夜霜打的枯叶一般，神情沮丧，面色颓唐。我想了想道：“我早就已然是萧条之身，心中早已经被这个世界折磨得千疮百孔，那种少女怀春的情怀对我而言只不过是年少不知的嗤笑，我已经不去在乎我身旁枕荐的何人，也不去在乎身旁人待我是虚情还是假意，我俨然是一个没有血肉的皮囊，每日只是吃食维系这无用的身子罢了。”震心听我此言，眉头深锁道：“白门何出此言，在我眼中你如从前无异。”随后他的声音又低了下去，但语气依旧诚挚，“这个世上难得的女子啊！这样吧，妹子，八月十五月圆之夜，我再来看你，若是你愿意走，我定然助你一臂之力，若是不想走，那为兄就当是十五月圆之夜陪你来小酌一杯，你觉得如何？”

我静静听他说完，点了点头，露出一丝会心的笑容。这一笑虽然宁静，但却饱含了我心中无数悸动的思绪，我仿佛在一条长长，黑黑的道路上孤独前行许久后，看到了第一抹光亮。这宁静的笑中有那一缕黑暗几乎淡漠不可见，悄然无声地落了下来，我尽量把它隐藏，我看着震心心中一片温暖，所有的一切苍白被悄然隐去。

“那八月十五子时，我再来拜访你吧。”他的眼中似乎有些无奈。

震心走到门外，回首多次，我知他心中定然有几许眷恋和伤痛，想必他也是为我伤心。我却依然强颜欢笑着，知道看他的深情似乎放下心来，我才感觉到一种前所未有的疲惫。终于，震心离开了，我的心也坠了下去，如这天边的夜幕，黑得吓人，黑得无奈。我稍稍沉默了片刻，深深叹息一声转身走去。

第四节　中秋之夜

扬州沦陷之后，过了几日，清兵始于城下，南京城中的官员联名写了降书送与清兵营帐之中。多铎大喜，接受降书，城中官员打开城门，匍匐道路两旁，迎接多铎入城。多铎入城后先安民，因马到即降，获胜轻松，因此多铎下令禁止部队掠夺抢烧，南京城内获得了一时安静。很快到了中秋时节，但是战祸连连，百姓已经失去了过节的兴致，纵使这样隆重的节日，也不见平常的喜庆之乐。我早已料到事情会发展如此，也不在郁结心结，每日只道寻欢作乐，歌舞升平，且当太平盛世，无心管外世的一切，隔江犹唱后庭花。

一日，我见屋外天高清爽，是个难得的好天气，不由无心地笑道："这样好天气，不出去走一走岂不可惜？"我对身旁的斗儿笑道："今日若是无事，不如出去散散心，今日却是一个好天气。"

斗儿起身走到窗前，感叹道："外头却是天高气爽，小姐真是好雅致。"我盈盈道："正是呢。日头这样好，出去走走，也好透透气。"

秋色渲染天际，入织如画的美景。天上一片云彩没有，干净得让人舒爽，我与斗儿一同走到了山野间。看着满山的花儿已久鲜艳心情更加清爽，愉悦。平日里我这看惯花的人此时也忍不住多采摘了几朵。这些野花与屋内的鲜花果真不同，带着野性更有阵阵勃勃生机。我此时真想长留在这天地之间。这无限自在的感觉令我彻底忘记了所有的烦恼，于是和斗儿肆意打闹开来。虽然已是秋季，但是眼前这山间绿野依旧，生机丝毫不减。我累了便坐在花丛边看着远处，连绵起伏的高山这时看起来十分挺拔。我把玩着手中的野花，有从身边采来几株野草编起花篮来。虽然我知道定然不能编成，但是我确实想要做点什么好证明此刻我属于这片天地之间。

此时秋风正好，无边秋景裹挟到了眼前，马蹄踏开金色起的季节，我心中仿佛有一匹骏马在这苍穹长嘶，乱花渐欲迷人双眼的草间，几处燕子恰如其分飞过眉梢，呼的一惊，掠起了荡漾游离的心思，鸟儿起飞，争上枝头，急急的簇成一团，又轻盈地各自飞了，散开的喧闹。盎然的秋色暂且让我忘记了愁思，只是静静的看着眼前的一切。连本是千年不变的群山流水，亦觉得有了丝丝暖意，盈盈欲横了。直到日头渐渐西下，天边泛红，我才瞩目脚下的一切，近处里偶尔有几缕炊烟袅袅升起，在青黄的田野飘渺不定，连心境都变得无比平静。看了看西沉的红日，我知道时辰不早了，于是手捧花束，低拉裙角，徐徐漫步回去。这一晚便是中秋之夜了。

回到倚月楼的时候，感觉这常见的风景都不一般了，心情大好看着门前的一松一柏都更加挺拔了。楼外的其他景色好像被这两棵树木带的更加高大，倚月楼在此景当中更加有韵味。

后院里，我抬头去看，后院之中人头攒动人群荫荫如盖，舞姬曼妙的身影络绎不绝，舞池之中，翠色生生，有丝竹嬉闹，仿佛整个院子都要沸腾一般。十五月圆之夜，应该是一个值得庆贺的日子。　我坐在梳妆台前，我知道今夜子时于兄还是会来看我，他仍旧在为我的未来考虑着，他曾经说过，希望有一天，我可以再披上新娘的凤冠，去寻找自己的幸福，我想，此生我大概不会再遇到这样的一个人了，可是，想起韩生的时候，我的心里还是有些温暖，若是我就这样离开倚月楼，这一辈子想必是再也不会遇见韩公子了，而若此事败露，于兄又该面临怎样的灾难，想起麟儿那张微笑的面孔，我更加坚定了自己的想法，我不能只为自己活下去，我不可以那么自私。

“斗儿，去把我之前的杏花酒拿出来，今夜我要与于大人豪饮。”我嘱咐斗儿道，那杏花酒是彼时杏花盛开的时节，我把杏花收集起来，酿了一大坛子，那酒格外的清冽，几尺之外便可闻到杏花的芬芳。

我拿起毛笔，在白净的宣纸上赫然写下“杏花村里杏花酒，风雨声中风雨楼。不见鸿雁传书来，只见伊人泪长流”这样的诗句，脸上带着委婉的微笑，此时的我虽然知道多铎的魔爪已经伸向了我，可是我却愿意用最平和的心态来对待，有些事情，或许终究是逃不过的。

子时，于震心果然来了，此刻的我正端坐在桌前，杏花酒的清香弥漫在整个房间里。

“白门，你……”于兄看着我，脸上更多的是愕然，他或许没有想到，此刻的我是这样的平静，甚至还有饮酒的闲情。

“今日我还是有个消息要告诉你，你的韩公子，其实，其实他早就被清兵收买了，你不要再把希望寄托在他的身上了。”他像是用了很大的气力，才把这些话说出来。

“你说什么？不可能！”我斩钉截铁的回答。

“白门，这是真的。”我的心像是一下子沉入了谷底，伴随着我所有的希冀，我努力的镇定着，这中秋之夜，我怎能为了那样的一个男子而痛苦，随即面若常色。

“于兄，你什么都不要再说了，今夜就让我们痛痛快快的畅饮吧，我特意备了上好的杏花酒，于兄快来尝尝。”我故作轻松，好让气氛没有那么沉重。

“好！听白门妹子的。”他坐下来，我为他斟了满满一杯，房间里的酒香更加浓郁了，那淡淡的杏花若有若无，闻见这满屋子的芬芳，我甚至能想象出，彼时经年，它们嫣然盛开时的场景，必然是那样的姹紫嫣红般。

“对酒当歌，人生几何。譬如朝露，去日苦多，于兄，我们干！”我手里端着一杯满满的杏花酒，一仰头便喝了个精光，想是我刻意而为之的好心情起到了带动作用，于震心也是一饮而尽。正当我们兴致高涨的喝的酣畅漓淋时，忽然房门被打开，我定睛一看，来者皆穿着清兵的官府，我起身，透过窗户像外看了一眼，此时的月亮是那样的圆，这团圆之夜，想必是很多人都在庆祝吧，那清冷的月光照着外面的世界，我一看，屋外早已被层层的清兵包围。

果然，该来的还是来了。

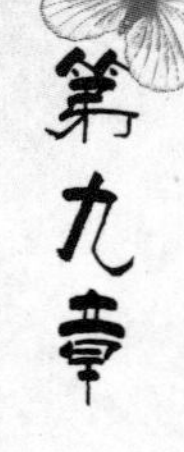

第九章

今日秦淮恐相值，防他红泪一沾衣

城上风光莺语乱，城下烟波春拍岸。绿杨芳草几时休？泪眼愁肠先已断。情怀渐觉成衰晚，鸾镜朱颜惊暗换。昔年多病厌芳尊，今日芳尊惟恐浅。

第一节　彩月轩的痛彻心扉

很多年后，我常常想，无论身份尊卑，只要是有血肉之躯的人，他的心都会受伤，而有些痛则会让他铭记一辈子。

十五之夜我的倚月楼外被清兵重重包围，如今我被关押在清兵大将多铎的府上，于震心于大人为救我于危难，想必今日也已被抓入牢房中，想起这些，我的心便被纠缠着，整个人觉得烦闷不堪，便拿起手边的一杯凉茶一饮而尽。

八月，天已有了些凉意，这本来就是一个草木萧瑟的季节，加上我此时的心情，一下悲从中来，连空气中都有了些哀伤的味道。我被关押在多铎府上的一个厢房内，一推门，便看见门口站着两个侍卫，我打开窗子，看着这萧瑟的秋景，心想我定是插翅也难逃了。

我索性闭上眼睛，脑海中全是韩生的样子，对他我还抱着些最后的美好幻想。当初在倚月楼前，高喊国家兴亡匹夫有责的血性男儿，如今怎会为了那沾满铜臭的财宝而放弃自己的尊严？更何况是我爱的男子，让我如何去相信？

睁开眼，眼泪不小心滑落下来，隐隐一瞥间便看见了厢房一角落的古琴，便走过去信手弹起来。

一张机，采桑陌上试春衣。风晴日暖慵无力。桃花枝上，啼莺燕语，不肯放人归。

两张机，行人立马意迟迟。深心未忍轻分付。回头一笑，花间归去，只恐被花知。

三张机，中心有朵耍花儿。娇红嫩绿春明媚。君须早折，一枝浓艳，

莫待过芳菲。

四张机，鸳鸯织就欲双飞。可怜未老头先白，春波碧草，晓寒深处，相对浴红衣。

人生或许就是这样，充满了那么多的悲欢离合，现实就像是一把锋利的钝刀，死命地让我与从前割舍。

窗外凉风如玉，一阵微风吹来，整个房间也带着些微微的凉意，我不禁下意识的过紧了自己身上的衣服，想着自己这些年来，命途多舛，不觉间潸然泪下。

“白门小姐，将军邀你去庭堂一坐。”厢房的门吱呀一声被打开，只见一个婢女模样的女人走进来，她的头上梳着最简单的灵蛇髻，头发深处埋着几多开得极艳的百合花，整个人显得干净利落，无须多余的首饰倒是极其素雅。我心里不禁一颤，这多铎府果然是卧虎藏龙之地，连个婢女都生得如此俏丽。

我微微地点了下头，回首间便擦干了眼泪，随即换上一副不卑不亢的冰冷姿态，便尾随在女子的身后，明暖的阳光照在我的脸颊上，可是我仍旧能感觉到自己的脸上像是有融不化的坚冰一般，走出门外，耀眼的阳光一照，外头的天气是如此的安好，可是又有谁知道此刻我心里却悲寒似冬。

我跟着婢女穿过一层一层的回廊，像是走了一世那样的悠长，往事的明媚与犀利都像是过往云烟一般的在我的心上划过，十七岁我穿着一袭的红衣浓妆重彩的坐上了嫁与保国公的花轿，五千名手执红灯的士兵从武定桥开始，沿途肃立到内桥朱府，那时候的我坐在花轿里，手里握着一个苹果，脸上带着新娘特有的娇羞，我以为我找到了自己的归宿，或许我还是太天真了，当我毅然决然地放弃一切重返秦淮河的时候，那时候的我内心是平静的，没有人知道当我再次在倚月楼遇见韩生时候的喜悦，而今……有微风倏然的吹进领口处，深秋的傍晚回廊两边的花朵带着些生命的蓬勃气味，对于我来说，却像是有千百万的小虫在撕咬着我的肌肤，柔肠寸断，没有疼痛感，但是那凉津津的冰冷却直入心扉，我努力地调整好自己的呼吸，蒋回荡在眼眶中的泪水狠狠的吞下，我青楼女子也应该有青楼女子的尊严。

终于婢女停在了一座巍峨的类似宫宇一般的建筑前，落日的夕阳照在宫宇上，分外的耀眼，门厅上赫然地写着“彩月轩”几个大字，楼宇的不远处是两池湖水，水上长满了清莲，此时正是小荷才露尖尖角的时节，数百的莲花簇拥在一起，像是铺满了通向未来的道路一般。

“白门姑娘，多铎将军正在彩月轩内等你，我先告退了。”向我做了一个揖，便起身消失在漫天的雪莲之间。

我轻轻地推开门，随着吱呀的一声响，只见大殿内正站着一个男子，背对着房门，随着门吱呀的一声回过头来，男子显得气宇轩昂，眉宇间有些微蹙。乍眼看去间，便能看出久经沙场的痕迹。

“这位想必便是白门小姐，在下多铎。”多铎站起身来，细细地打量着我，“早就慕名秦淮河畔的白门小姐有胆有识，美艳不可芳物，今日一见，果然不同凡响。”他的嘴角边露出一丝微笑。

我亦颌首，只是不说话。

“我就照实跟姑娘说了，我多铎愿意迎娶姑娘，我仰慕姑娘的人品，不知姑娘意下如何。”

多铎的脸上仍旧挂着微笑，只是这笑意间隐约地带着些不可抗拒的威慑之感。

“多谢将军抬爱，看我寇世家族祖辈间都在秦淮河畔以卖笑为生，我又嫁与过他人，这样的身份定然是配不上王爷的。”我的脸上仍旧是淡淡的表情，可是拒绝的意味已经很明显了。

“呵呵……”多铎的脸先是一惊，但瞬间就大笑起来，想必多铎这样的男子，这一生也未曾有人拒绝过他，我倒是很能理解他脸上的震惊之色，那大笑声又适时地掩盖了自己脸上的尴尬之色，这多铎果然是个喜怒不言于色之辈。

“先不说这个，今日我能一睹姑娘的芳容，多亏了故国的一位老友，来人，传韩大人。”他话锋一转，瞬间我的心像是被撕扯起来，耳中轰的一

声，如同打了一个响雷般，“韩大人”三个字让我有种眩晕的感觉，耳边仿佛有成千上万的小虫子扑棱扑棱的在耳边挥舞着翅膀，耳鸣的声音让我不能自恃。这世间怎会有如此的声音？

我看着门外边韩生迈着方步一步步地朝我走来，我真的没有想到，我会是以这样的方式再次见到他，我是有多久没有见他了，他的身上穿了一件绛紫色的华袍，脸上竟然也有了些脂粉气，昔日威武纵横沙场的男子去了哪里？我暗暗地问自己，手指因为愤怒狠命地抓着衣服，关节微微作响。

我就这样怔怔地看着他，他慢慢地走近我，眼睛里带着些闪躲，脸上有些稀薄的笑意，像是从遥远的冰山处渗出来的寒气，我的心里似乎有千百匹马奔腾而过，涤荡汹涌，整个人一阵酸软，动弹不得，韩生终于从我的身边走过，他不再看我。

“韩生拜见豫亲王。”说着便行起了君臣之间的大礼，我的心中不禁一阵悲凉，我一个青楼女子都知道，故国的臣子膝下千斤重，怎能随意跪拜于大清，大清灭我大明，如今我大明臣子还要叩拜，我的心里只觉可笑又可怒。

“韩大人免礼了，韩大人对我大清忠心耿耿，像韩大人这样懂得投明主的贤臣，皇上定然不会亏待你的。”说着便拿起一道圣旨，递予韩生，“这是皇上今日快马派来的诏书，韩大人提供的反清复明的名单，使我大清王朝有如神助，皇上赐你良田百亩，美女数十，韩大人还不抓紧接旨谢恩。”

我的心中哀凉到极致。

“微臣叩谢皇上，吾皇万岁。”说着便跪在地上接旨，一句吾皇万岁，所有一切都已经成了定局，再也没有回旋的余地了。

“小王今日能见到白门小姐，也全是韩大人的功劳，想必这白门小姐跟韩大人也是旧识吧？”我的心底越来越凉，凉到自己都晓得无可旋转了，只能怔怔地一言不发，谁能料想，我曾经爱过的人，今时会以这样的身份相见。

韩生的脸上也微露尴尬，随即说道，“在下从未见过白门小姐，白门小姐的芳名响彻秦淮河畔，无人不知晓。”他看着我，从未见过这几个字像是两块烧红的烙印一般，生生地烙在我的心上，喘息间我甚至能闻见自己皮肉烧焦的味道，是那样刺鼻，我痛得说不出话来。我努力地调整着自己的情绪，我知道，此刻多铎和他的臣子正在看着我，半天才神色如常，勉强地说道："韩大人出卖自己的故土，愿做走狗，这也是人尽皆知啊，我寇白门的名声比起韩大人来，暗淡多了。"

听我这样一说，韩生的脸瞬间变成朱血色，支支吾吾了半天竟一个字都未说出口，阳光是那样的猛烈，灼痛着我的脑袋。

我和他之间是再也回不去了。

第二节　为韩生剃发

窗外像是起风了，树叶被吹得沙沙作响，像是落着一阵阵急促的雨声，夕阳像是用尽了自己最后的一丝气力，发散着柔美的光芒，透过窗户照射在我们身上，如同是在我与他之间设下了一道无法攀越的高墙，此时此刻的我们，再也不复曾经，再也不是至亲至爱的人，哪怕连朋友都不再是，我们是敌人。

彩月轩一下子极静，我默默地看着韩生，他肯定是懂得我此刻的眼神，充满了愤怒与仇恨，我不知道他有没有看出，我眼神中流露出的决绝。

“既然韩大人一心向着大清朝，现在却留着我大明的发式，这清王朝早已颁布了‘剃发令’，留头不留发，留发不留头，看来这韩大人还是不够忠心，这欺君犯上的罪过韩大人怎么看？”我故意揶揄他。

“这……这……”韩生像是忽然间想起什么来，紧张不已，额头上豆大的汗珠慢慢地往下滑落，哼，果然是个贪生怕死之辈，我当初真是瞎了眼。

“白门小姐说得极是。”多铎看了韩生一眼，脸上的表情瞬间变得严肃起来。

“不如这样，我来为韩大人剃发怎样，将军觉得意下如何？”我狠了狠心，看着他奴颜婢膝的样子，恨不得一刀杀了他。

“白门小姐这个主意不错，这样一来表了韩大人的心迹，二来我大清又多了一位不可多得的贤将，真是可喜可贺，来人，剃发刀拿来。”多铎看了韩生一眼说道。

“这……这……我韩生对大清王朝之心可谓是日月可鉴，我回去便剃发，这……这就不麻烦白门小姐了。”韩生因为恐惧说话也变得支支吾吾起来，想必是怕我一刀要了他的狗命，贪生怕死的小人。

“韩大人难道不肯？”多铎的面色瞬间变得有些愠色，声音也得凌厉。

“小人不敢，小人不敢……。”他说着便一下子跪在地上，这一声声的乞求像是有谁在掌掴一般，连我听着都觉得双颊被打得生疼。

片刻的沉默之后，一个婢女端着一个木盘上来，盘子里放着一把剃发刀和一把木梳，放在了我旁边的木椅之上，众人皆是一副围观看热闹的心态，韩生还跪在地上，额头上的汗珠挥汗如雨一般，他的眼睛瞪得极大，眼睛里透露着大片大片的畏惧，那是源自于对死亡的恐惧，我一步步地朝着木椅走去，我心里默念，韩生，开到荼蘼花事了，你我的缘分已尽了。

接着便是许久的沉默，我的表情极为平静与阴冷，连我自己都能感觉出来，那好似青花瓷上寒雪一般，我手里拿起剃发刀，看着他恐慌无助的眼睛，缓缓地向他走去。

风吹来，夹杂着些荼蘼花淡淡的清香味，香气里蕴藏着盛极而衰时极大的挣扎，我看着他的眼睛，是那样仓皇无助，顿时觉得有些可笑又有些心酸，毕竟我爱过他，向来缘浅，奈何情深。我强压着内心翻涌的痛楚，我们之间那么近，我却像是走了一辈子那么久，前尘往事又在脑海翻涌而出。

第一见你，你穿着战袍，锦衣戎马，铮铮铁汉形象深深地烙在我的回忆里，挥之不去。长亭外我折柳送别，依依不舍之间全是美好的回忆，哪怕那时的我身份是你的舅母，重返秦淮河畔时再相逢难以言表的喜悦之情，难道这么多美好的回忆都是假的？我颤抖身躯里掩饰不住灰心与伤痛。

我看着他的眼睛，曾经那么熟悉的双目现在全充满了不安与战战兢兢，我一步一步地走近他，他跪在地上就这样仰视着我，我又向前了一大步，他整个人因为过分紧张一下子倒在地上，周围发生刺耳且恣意的笑声。他在我心里的回忆就在这一刻轰然倒塌，我狠下心肠继续往前走，我垂下双目，索性不再看他那害怕而萎缩的面容，我真恨自己，居然会爱过这样的男子。

在人们的轰然大笑中，他再次跪立起来，我怆然不已，这怆然之中全是对韩生爱其不争的绝望与悲哀，但是我又能怨谁呢？他忽然一下子跪起来，抱住我的双腿，大哭起来，“求求你不要杀我，不要杀我。”完全不顾及周围人异样的眼光。

我的心随之一抖，手里的剃发刀随着“哐当”一声也瞬间抖落，我怆

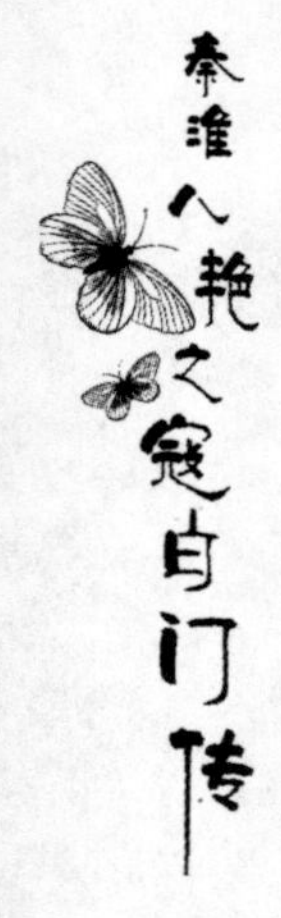

然不已，这怆然中更多的是对这世事无常的悲与怨。可是我又能怨恨谁呢，是咒怨上天对我的不公吗？还是咒怨自己这命途多舛的人生之路，人生有太多太多的身不由己与无可奈何。我看着韩生，长舒一口气，神态也稍稍有些自然，而多铎与众臣子脸上则是一脸的错愕。

“韩生，从今往后，寇白门与韩生恩断义绝。”我看着他，说出这句话，字字铿锵有力，像是耗尽了我浑身上下所有的气力。

他的神色愈来愈悲切，眼神随即暗淡下去，我从他越来越暗淡的眼神中看到了我们彼此的坚定与落寞，往昔里那温柔而旖旎的回忆像是盛开在心上的一朵一朵的花瓣，而我，却再也无法欣赏这些旖旎华丽的岁月了，只能任由它们尽情地枯萎凋谢。

寇白门与韩生从此恩断义绝，我扬起苏袖用力一挥，转过身子时泪水早已如滂沱大雨般滴落下来，我快步急速地逃离，门口的卫士自觉地让出两排，我疾步快走，却无人阻拦，门厅外那盛开的莲花似乎是开得更艳丽了，像是用尽了全身的力量只为这一世的繁华。

湖面上倒映着莲花的倩影，是那样婀娜多姿，周围的鸟扑棱着翅膀却无法飞起，那种曾经的轻灵与婉转早已不复存在，前尘往事所有的回忆在这一刻都轰然倒塌，只剩下现实的残酷像是一把锋利的刀，一刀一刀割着我的血肉之躯。

始觉，这一生早已悲凉。

回到倚月楼，我生了一场大病，一睡便是好几日，待醒来时，看见丫鬟斗儿憔悴的脸，前几日发生的事情像是潮水一般，涌上心头。

“小姐，你终于醒了，这几日你昏睡不醒，我都快急死了。”说着便哭起来，我抬起手臂为她拭去眼角的泪水。

“难为你了。”嘴角一扬，两行清泪跟着流下来。

在斗儿的精心照料之下，没几日我便能下床了，看着镜中的自己，眼角间似乎有了些细纹，脸色苍白，鬓角间还有了几根霜染的白发，斗儿站在我的背后，为我梳发，那灵巧的小手在我的头上来回摆弄，鬓角的碎发用菊花水一抿，白发便隐藏在了黑发之下。

“斗儿，以前妈妈总是说我心性极高，而且伶俐聪明，可是竟夺这么多年我才发现，我就是再伶俐再聪明也无法参透这一个“情”字。这么多年，我爱过也恨过，经历了这么多我才发现自己永远在作茧自缚，若此生重来，我情愿我这一生不知情爱为何物，宁愿做一个凡俗的女子，平静地去生活，不为这些世俗名利所羁绊，那样的话或许我就不会像现在这样痛了。”

“人这一世也不过是一片虚无罢了，再冰雪聪明的女子也抵不过这一个“情”字，汤显祖的《牡丹亭》中这样说，‘天下女子有情，宁有如杜丽娘者乎！梦其人即病，病即弥连，至手画形容传于世而后死。死三年矣，复能溟莫中求得其所梦者而生。如丽娘者，乃可谓之有情人耳。情不知所起，一往而深，生者可以死，死可以生。生而不可与死，死而不可复生者，皆非情之至也。梦中之情，何必非真，天下岂少梦中之人耶？必因荐枕而成亲，待挂冠而为密者，皆形骸之论也。’活了这么多年，看着这现实，再想想《牡丹亭》中的这些话，才知道戏文终究是戏文，遇神杀神遇佛杀佛，这样的桥段终究是不可能实现的。”斗儿这一席话，说得情深意切，我不禁有些恍若隔世的感觉。

我沉默着不再说话，年少的时候，我们总是将爱与恨表现的那么泾渭分明，爱便是爱，不爱便是不爱，爱的时候恨不得用尽自己全部的气力，不爱的时候也能决绝到断然抽身，总是想着只要爱了便可以抵挡生死，抵挡所有一切便是生生世世，现在我才发现我错了。

我终究也不过是这红尘中诸多伤心人中的一个。

第三节　枝头抱香，红豆飘零

秦淮旧苑内仍旧是如往昔一般，笙歌妙舞，灯红酒绿。自有那帮公子王孙，有钱的主儿到那里追欢逐乐。虽然过去的八艳，大多有了归宿，但旧院艳业依旧不衰。

近日传得最沸沸扬扬的消息，便是秦淮河畔的顾湄，她自嫁给合肥人、尚书龚孝升后，异常得宠。前几日尚书大人为顾湄在隐园中林堂举办了寿宴，张灯结彩，给眉娘祝寿，宾客百十余人。老梨园郭长春演剧，酒客多人串演王母瑶池祝寿，顾夫人垂珠帘，和旧日曲中同侪饮宴。尚书门人楚某正赴浙监司任上，在帘前称贱子，长跪给眉娘上寿，宾客皆都离席伏地。荣耀非凡。同侪们艳羡不已，津津乐道眉娘的运气，无数青楼女子艳羡着有朝一日能像湄娘一样，一举飞上枝头上变凤凰。

青楼就是这样一个地方，不出门便可知天下万事。当年我嫁与保国公也是一时间轰动了金陵，若是知道我此刻的际遇，还会有多少女子愿意重走老路？生活就是这样作弄人，十七岁保国公为我赎身，二十五岁我又重返倚月楼，兜兜转转数年，一切又重回起点，怎么能不叫人慨叹？

天气越来越冷了，多铎竟然再度无生事端，闲着无事可做，便数清了一帮文友在尚湖举办了一场盛大的文筵，好度过这无聊而漫长的岁月。

尚湖相传此名来源于姜太公姜尚，相传太公大人曾经在此钓鱼，后人便将此泓清泉成为尚湖，这个地方自古以来是文人墨客所钟爱的地方，风景秀丽旖旎，就是在这寒冬之日也丝毫没有萧瑟之气，我披了一件大红色的斗篷，站在小舟之上，小艇凫游于湖，尖尖的船头，犁碎了这尚湖的倒影。

这尚湖本来便是秀丽之地，再加上文人墨客的趋之若鹜，更是显得弥足珍贵起来，常常有文人来此地吐纳。他们把尚湖的美景融汇于笔端，在柔

美的丹青之中，肆意地飘洒。席间觥筹交错，一片祥和之气，扬州的王大成大人起身说道：“大痴道人喜欢月夜独自泛舟从西廓门出，沿着西山脚行，山尽抵湖桥，以长绳系酒瓶于船尾，回舟时到齐女墓停棹，牵绳取瓶时，发现绳断瓶失，一个人抚掌大笑，声震谷宇。有夜泊的渔人听到空谷笑声，诉于同伴说，他听到神仙笑呢！”

说完，一桌子的人举起酒杯，我提议道：“让我们一起敬大痴道人。”说着一大帮子人都向大痴道人举杯致意，为大痴道人留下这样美好的佳句，这是怎样的潇洒。然而这些表面的繁华与快乐仍旧无法掩饰我内心的痛楚。

我时常会做这样一个梦，梦中韩生跪倒在我的面前，额头上因为恐惧而满是豆大的汗珠，他乞求我不要杀他。我睁开眼睛，大脑里面一片空白，一阵口渴感袭来，我站起身，穿了一件极其单薄的衣裳，冬夜的寒冷让我瑟瑟发抖。我看着这窗外的月色，被干枯的枝干隔成了一道又一道的斑驳影像，我便想起彼时春光明艳的时节，每每站在这里，便会看见这梨树上结着的拳头般大小的金桔，而此刻却是荒芜一片。

风吹乱了我的头发，我心中忽然有一种疼痛之感，冷风凄厉地吹过我日渐消瘦的面庞，就在那一瞬间我觉得有些手足无措，便低声呜咽起来。虽是低声呜咽，在这寂静无声的黑夜中也显得格外的突兀。我极力压制着，生怕这痛哭的阀门一打开，便再也停止不了。

忽然间有一双温柔的手拿着一件极其厚重的斗篷轻轻披在了我的肩头上，我回头一看，是斗儿。

“小姐，这样的深夜，应该小心着凉才是。”说完帮我把斗篷系好，“活了这么些年，小姐应该看开才是。”她不再说些什么，静静地站在我的背后，她只是当做没有看见我眼角的泪水，继续把我整理着衣服上的褶皱。

“小姐还是应该放宽了心，不要为那些不值得的事情黯然神伤，很多事情过去了便过去了，应该往前看才是。”沉默了会儿，她还是说了。那平静的语调，对我来说是极好的慰藉，也不好再说些什么，便慢慢地宽解了自己的心情，脑袋一沾枕头便进入了梦乡之中。

第二日一起床，扬州孝廉王大成便派人送来了一盒千年灵芝，并邀我去尚湖泛舟。这王大成我是听说过的。王大成早已过了知天命之年，扬州城上的百姓都念他是一个好父母官，我还听说王大成这个人的文学造诣极高，对这样的贤德之士我是不讨厌的，甚至还有些崇敬之情，于是中午时分便跟随小厮一同前往尚湖拜见王大人。

的尚湖异常安静，阳光照在湖面上泛着粼粼的波光，王大成坐在舫内，着一身绛紫色的便服，眉宇间闪烁着些睿智。

“寇白门拜见王大人。”我作了一个揖，王大成看着我，嘴角间带着些微微的笑意。

“白门姑娘快坐。”

几杯酒下肚，我身上的寒气也消失了大半。

“素闻姑娘之琴声能招来游鱼、山雀，能让老夫也一闻妙乐仙音吗？”他看着我的眼睛，指了指不远处的一把古琴。

“白门早年时习琴，并非妙乐仙音，王大人若不嫌有污清听，我亦愿以陋艺博大人一笑。”这王大人彬彬有礼，让人不忍拒绝，于是我朝游舫角落中走去，走进了才发现这古琴上没有一根的琴弦。

“王大人，这古琴无弦，白门无无弦奏乐的绝技。”我好生奇怪，这王大成要我为弹奏，却给我一把无弦的琴，这的确让人有些匪夷所思。

“呵呵，老夫这里倒有琴弦，劳烦姑娘为我续上。”于是伸手掏出一个彩色的纸包，拿出来递给我。我瞬间明白过来他的意思，续弦，这是要娶我为姬妾的意思。

我接过那彩色的纸包，打开一看，是七根崭新的琴弦，我装作没有听懂他的话外之音，垂下眼帘，脸上泛起了一丝愁云，我在想一个巧妙的对策，如何才能婉转而又准确地表达出自己的意思呢?

我摇了摇头，拿起那七根崭新的琴弦，一根根为无弦古琴续上，又细细地擦拭了护甲一番，便摆好古琴的位置弹奏起来。

一别之后，两地相悬，只说是三四月，又谁知是五六年。七弦琴无心弹，八行书无可传，九连环从中折断，十里长亭望眼欲穿。百思想，千系念，万般无奈把郎怨。万言千语说不完，百无聊赖十倚栏。重九登高看孤雁，八月中秋月圆人不圆。

七月半烧香秉烛问苍天，六月伏天人人摇扇我心寒。五月石榴红胜火，偏遇阵阵冷雨浇花端；四月枇杷未黄，我欲对镜心意乱。忽匆匆，三月桃花随水转；飘零零，二月风筝线儿断。

我特意选了一首决绝的小曲，明白人一听便知我的意思，甚至是连湖水都染上了淡淡的决绝之意，平静的湖面下早已波涛翻涌。

“白门小姐，你的心意我明白了，我是不会强人所难的。”他含笑的眼中有了些失落感，我淡然一笑，要是他真的明白就好了，这世间千万男子看到的是我的美貌与才情、过人的胆识，可是谁又知道我心底的痛苦和对美人迟暮的恐慌之感，我已经二十七岁了，美貌与青春正在渐渐地远离我，有朝一日，我终将面对的是“门前冷落鞍马稀”的境地。

我放下古琴，慢慢摘掉护甲，“王大人看到的只是这平静的湖面，却不知这湖水下，暗藏的汹涌与潜流，我亦是如此。”

“嗯，老夫懂你的心了。”他低下头，像是在思索什么。

我摇了摇头，“王大人看到的只是旧琴断了弦，就想给它重新续上，可是王大人所不知的是，即使强硬地换上新的琴弦，此琴体内仍然回响着旧时音调。”

湖面上一时间安静起来，前尘往事如同梦境般在我的脑海中浮现，终究成为这一地的霜雪，白茫茫一片真干净。

第四节　美人未迟暮

果然有半月之久，王孝廉再未来找过我。

就像是什么都未曾发生一般，窗外细雨绵绵，像是女子冰凉的泪水。我站在倚月楼的高台上，看着倚月楼内进进出出的青春少女，她们的皮肤是那样的吹弹可破，她们的笑容是那样的明丽，眼神里有着对这个世界不屑一顾的轻视之感，仿佛是一朵朵含苞待放的花蕾，而我呢，二十七岁的年纪，眼角生出细纹，还有了些白发，总会想起一个词，叫做“美人迟暮”。

四月，彼时离春暖花开的时节也不远了，倚月楼东室前的朱漆下半开起来，偶尔的暖风吹过，迷蒙的花香便肆意地散开来，仿佛是洛阳女儿家的一双纤纤玉手，轻抚过脸庞一般，那氤氲的香气环绕着，若即若离，一瞬间光影迷离如烟，随着天气的渐暖，心情也渐渐地好起来。

“小姐，你看谁来了，是于大人。”斗儿的声音有些兴奋，从庭堂外就传来了。

我连忙起身，来不及梳洗打扮好就起身相迎，自上次中秋一别，也有两年之久的时间未见了，不知道他过得可好。

“于兄，你来了，快请坐。”我让斗儿取了上好的荷塘清茶来，这是我夏日时从盛开的荷花上采集的露珠，经过熬制之后，一打开便溢出一股荷花的清淡香甜味。斗儿是明白的，若是无贵客，我是不会轻易拿出来的。

“上次多亏了于兄，十五之夜，于兄被多铎的官兵抓走之后，我愧疚不已，今日能再次见到于兄，真是感慨万千，快尝尝我这荷塘清茶。”我拿起茶杯为于兄斟满。

“白门小姐客气了，你我这么多年的故交，能帮你的我定然会帮。”他端起茶杯轻抿了一小口，“这茶水果然清冽，大概也只有白门小姐有这样的玲珑心了。”

“于兄别夸我了，快说说多铎是如何放你出来的。”我恨不得一下子知道于震心这半年的生活，好减轻我内心的愧疚之感。

“白门小姐，那一日我俩同被抓进了多铎的府衙内，大约把我关押了半月之久，觉得从我嘴里套不出什么重要的信息，便通知我家里交了万两银子把我赎出来，我一出来便去打听白门小姐的下落，听说小姐安全回到倚月楼，我也算是安心了。恰巧生意上有些问题，我便只身去了苏州，这几日刚回来，便立刻来看看白门小姐。”

“劳烦于兄了，我害你深陷囹圄，你却待我如初，你这样一说，我更加的愧疚不安了。”我的心带着强烈的负罪感。

“好在这多铎也不是一个滥杀无辜之辈，还好白门小姐也是平安归来，这也算是皆大欢喜的场面了。”于震心轻呷了一口茶水，像是忽然想起什么来，“白门小姐，我……前几日这扬州孝廉王大人是不是来看你了？”

“是有这事情，只是，你怎么知道？”我有些疑惑，王大人之事，知道的人是极少的，远在苏州的于兄怎会知道？

“我只是想告诉你，这王大人是真心待白门小姐的。”他这么一说，我瞬间明白，此次于兄来我倚月楼，是充当说客的角色。

我的脸色忽然变得有些惨白，收起了盈盈的笑意，摆出一副拒人千里之外的表情，“你是在劝我嫁给他？”

“作为朋友，我觉得这是一个不错的选择，女人终究还是要结束飘零，选择一个好的归宿才是你现在应该做的。我仔细了解了一下，这王大人是真心对你，他跟保国公不一样，这王大人为人正直，姑娘若是嫁与他，也算是得到一个好的归宿了。”他深深地叹了口气。

我看着于震心的眼睛，以灼灼的目光直视着他，身上散发出一种冷漠之情，“于兄今日这番话，让我不得不怀疑你是不是和他们一起来算计我的。”我没好气地说着，只见于震心脸上露出一股诧异之色，微微向后退了几步。我一直待他如兄长，从未以这样的态度跟他说过话，今日却……他的嘴唇因为愤怒而有些哆哆嗦嗦，嘴角有些抽搐，“这……这……算我多事！”他说完这句话，起身就要离开。

我意识到自己这话是说重了，立刻慌了手脚，于兄待我如自家人，这些正是忠告之言，我怎能说出这样伤人心的话语来？“于兄，你等一等……”我起身一把拉住了他的衣袖，于震心这才停下脚步来。

于兄转过身子来，脸上却仍旧布满了愠色。

我因拽着他的衣袖不松手，“于兄，恕我失礼了，白门一时失言，这么多年来，震心兄一直待我如自家人，为我的事情操劳奔波，我刚才也是一时气愤，望于兄不要生我的气。”因为焦急，我眼泪快要流出来了。

“白门啊，为兄也是为了你好啊，结束飘零过上安定日子。”看着他没有生我的气，我终于松了一口气。

“于兄，你肯定是了解我的。这些年，我尝尽了人间的苦涩，我岂能就此不明不白地跟了他？让我的求索付之东流吗？若只是随便嫁给他做个姬妾，这样怎么能叫结束飘零呢？于兄再容我思考几日好不好？”

“我当然也只是提个建议，最后的决定大权当然还是在妹妹的手中。”于兄说道。

于震心的话我又何尝的不明白。多少次，看着铜镜中的几根白发，我潸然泪下，多少次的在永远也看不见尽头的黑夜中死命地抓住被子，好抵挡心中的恐惧与不安之感，我用尽全力，直到最后无能为力，我夜不能寐，我恐慌与担心着，于兄这些我又怎会不知？可不管我怎样的努力，我还是华发早生，细纹仍旧肆意的在我的眼角上刻画着，我避之不及。

没几日，王孝廉又来到了倚月楼，邀我去欣赏这初夏时节落英缤纷的花朵，我不好直接拒绝，便穿了一件极其素雅的衣裳，陪着王孝廉在倚月楼后面的花园中赏花。此时已是五月，倚月楼两旁的两大株海棠花早已盛开了，虽然还未到绽放的时节，但经过春风的一番吹拂，枝叶有些微微的卷翘，馥郁芬芳，令人心旷神怡。

我和王孝廉徜徉其中，忽然我看见在两人高的木脊之上，有一朵幽兰花正开得恣意盛然，我不禁一阵欣喜。我素来是喜欢兰花的，便盯着兰花看起来，脸上不觉间也有了些微微的笑意。

此时的我看着幽兰花出神，却未及时发现我的此举都被他看在了眼里。他仰视着树干良久，才询问起来，“白门姑娘时喜欢这几株兰花吗？”

“嗯。”我也没有在意他在说什么，便点了点头，只见他出神地望着兰花看了须臾，看准了兰花的位置，纵身向上一跃，攀上一段粗壮的枝干，双手握住，打了个秋千，回首向树下的河东君一笑，问：“你喜欢吗？”

我被他这一个举动给吓了一大跳，他早已过了天命之年，现在却像一个年轻的小伙般为了讨我的欢心而冒险去为我摘一朵我喜欢的花，这着实让我惊讶不已。而身后的管家，也像是为他家老爷捏了一把汗，“老爷，你别动，我来，我来。”说着，便往前跑。

“你站住！”王孝廉忽然大喝一声，只见他折下来，又很轻捷地跳到地上，把兰花送到了我的面前，我那死去的心忽然有些感动。

我是明白他此举的含义，他怕我嫌弃他老，想在我面前展示下他少年般的矫健身姿，看着他额上的汗珠，我朝他微微一笑。

他又陪我去看了飞瀑，涧水飞流而下，形成一条彩练似的瀑布。南风吹来，将飞流倒卷上去，化作万斛蕊珠，凌风飘洒。若雨后初晴，丽日照射卷起的飞流，好似一团彩虹。那景观是极其壮美的，我发现自己竟然很久都没有这样笑过了。

或许，于兄说得没错，我真的是要好好考虑一下了，当我韶华已尽的时候，我该如何是好？

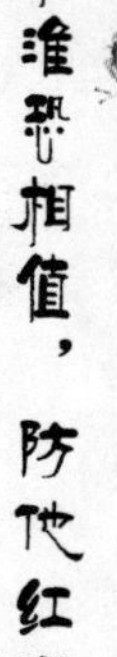

第十章

黄土盖棺心未死，香九一缕是芳魂

人生能几，总不如休惹、情条恨叶。刚是尊前同一笑，又到别离时节。灯炧挑残，炉烟爇尽，无语空凝咽。一天凉露，芳魂此夜偷接。

怕见人去楼空，柳枝无恙，犹扫窗间月。无分暗香深处住，悔把兰襟亲结。尚暖檀痕，犹寒翠影，触绪添悲切。愁多成病，此愁知向谁说。

第一节　再嫁扬州孝廉

考虑多日之后，我决定嫁给王孝廉。

我看着王家送来的新娘礼服，是薄薄的一卷丝锦，手摸上去是那样的轻滑，那鲜艳的红色甚至晃得我的眼睛有些睁不开，金线绣制的龙凤呈祥额图案，甚是栩栩如生，那凤凰的一爪一鳞，那耀眼的金线散发出的光芒，无一不再向我昭示我再次成为新妇。我推开窗户，冷风一阵吹来，吹得我的脸有些发麻，也吹得我的头脑有些清醒了，已到这个局面，再也没有如果了。

寂静茫茫的深夜，我点起了一支红烛，整个房间都显现出暖暖的色调，我拿起这件嫁衣，穿在自己的身上，看着镜中的自己，不禁感慨万千。

明日，我便要成为王孝廉的夫人，可是我却有着太多的陌生。

三更时分，整个倚月楼便开始忙碌起来，斗儿开始为我梳妆打扮起来，我披散着如绸缎的发丝，斗儿用犀角碧玉梳一下下地为我梳理起来，她的手是极其灵巧的，我一直觉得这个“巧”字用在她身上是再合适不过了。

不多一会儿，那松散的头发便梳成了一个归云髻，斗儿又精心地挑选了些首饰，插在发髻上，恰到好处地点缀着，走起路来发出些轻灵的响声，耳朵上佩戴了两个镶金的流苏耳坠，微微垂到肩胛上，与整个发型相得益彰，连我都赞叹起来。

不多一会儿，便开始为我画起眉来。她还为我施了一层薄薄的脂粉，忽然间斗儿像是神来之笔一般在我的眉心上画了一株兰花，片片花瓣正落在眉心上。不多时，看着镜中的自己，脸上的疲惫与暗淡早已一扫而光，镜中的女子是那样的明艳不可芳物，正是这虚伪的面具隐藏了我那颗早已疲惫不堪的心。

我倏地一下子想起了十七岁的自己，那场让我名满金陵的婚礼，那时

候的我有着新娘的娇羞，带着对未知新生活的忐忑与不安，还有对未来的希望，尽力生活着。而今，再嫁人之时，我已是二十七岁，青春的年华早已不复存在，没有人知道，十年来我经历了怎样的浩劫。

门外喜庆的唢呐声响起，再过几个时辰迎亲的队伍就要来了，我的心竟是前所未有的平静。

不多一会儿，斗儿为我披上了大红色的盖头，大成穿着吉服新装，乘坐新轿，在盛大的仪仗簇拥下，带着迎娶新娘的花轿和贽礼，贽礼中有一对白鹅，这就是古代的“奠雁”，取雁坚贞，预祝新夫妇永不分离的含义。因为雁颇难得到，便以鹅相代。虽然跟之前的排场无法相比，可还是能看出大成是花了心思的。

我从花轿里走出来，身边一直是斗儿在搀扶着，这小丫头的灵活劲儿真的是值得夸奖。不多一会便来到了洞房内，洞房的床上铺着锦被，布置得富丽堂皇，案几上放着一些水果，整个房间里都散发着瓜果的香气。

斗儿端来了“三道茶”，飨以莲子羹、粉团等甜美食品递予我和大成，意寓着早生贵子。按照习俗，喝完三道茶，新郎要出去款待众宾客，只留下我自己一个人在新房中，有些无聊。忽然间脚步声传来，我以为是大成回来了，便自己又盖上了盖头。

我双眼低垂，却眼见着一双绣花鞋出现在眼帘内，鞋子上绣的正是龙凤呈祥的图案，只是这大婚之日的洞房，谁又会这么冒然地闯进来呢?

正当我疑惑之际，忽然我的盖头被掀开，我这突如其来的阵势让我有些措手不及，慌乱之中我抬起双眼只见一个女子站在离我不远的地方，她的颧骨有些高，看她折纤腰以微步，呈皓腕于轻纱。眸含春水清波流盼，头上倭堕髻斜插碧玉龙凤钗。她直视着我的双眼有些微微的愠色，上下打量了一番之后，便脱口而出道，“这名满秦淮的大妓女寇白门，让我当什么角色呢?这把老爷迷得神魂颠倒的狐狸精，长得也不过如此。”她那细长的柳叶眉一挑，脸上故意露出失望之色。

我稍稍皱了皱眉头，这些话听起来有些刺耳，我一下子就感觉到了对方的来者不善，这位女子想必就是传说中的三姨太朱碧鸾了。素闻此女子是个十足的悍妇，言语粗俗、行为粗野，这样的女子却是出身于大家闺秀，着实让人匪夷所思。

“你还不认识我吧？我是三夫人，这次是大夫人派我来把一些话交代你一下，以后我们接触的机会会很多的，虽然老爷费尽心思把你弄到府上来，但是你也别高兴得太早了，聪明的话，主动离老爷远一点。否则，我让你在这王府里生不如死。”她故意把后面的几个字说的格外重，压低的嗓音中透露出杀气，说完便趾高气扬地转身离开，只留下一股浓重而俗气的胭脂味。

看着三夫人趾高气扬的样子，我的心不禁沉了下去，我能从这样的环境中得到我想要的安宁吗？这一切都不得而知。我原本就不安的心这下变得更加忐忑了。

接下来的几日还算安好，夏日的夜晚如同被盖上了一层巨大而无边的帐布，堂中全是被点亮的蜡烛，那一闪一闪的烛火像是在低语着什么，橘色的光芒照得整个房间都透露出温暖而祥和的气息。

日子过得倒也算是平静，再次见到朱碧鸾时，她脸上一片的谦和，当着老爷的面“妹妹长妹妹短”，我有些恍惚，甚至出现了些错觉，那日在洞房里与我叫嚣的人是谁？我自然也是做足了表面的谦卑，她若真是真心待我，我自然也不会造次。大夫人陈氏为王家主母，常常闭关于后院的祠堂里，吃斋念佛，基本不理家事，她好像看破了红尘，迷上佛法，一心一意吃素诵经，还招了个赤足尼姑解空空在家养着，整天参禅讲论。我去拜见她的第一天，她手里拿着一串佛珠，口中念念有词，甚至都不看我一眼，我跪在地上半天，最后还是老爷拉我起来，这想必也是一个下马威。二夫人林媚儿戏子出身，我常常能在花园里看见她吊嗓子的身影，二夫人待人倒还算是和气，或许是由于我们都出身卑微的原因。大婚之后，还送来几匹上好的绸缎，说是见面礼。

王大成对我倒是极好的，彬彬有礼，我俩经常对诗弹曲，仿佛冥冥之中一切都是安好，我也渐渐忘记了之前的不快，开始尽情地享受新婚燕尔的喜悦与甜蜜。

那一日老爷不在，我还未起床，却听见外面朱姨娘的训斥声，想必是哪个不得力的小丫头不知又哪里得罪了她吧，我翻了个身，准备稍稍小憩一会，便听见窗外接着一记响亮的耳光声，紧接着便听见了斗儿的哭泣声，我

赶忙披了一件衣裳出去看。

只见门外已是一片狼藉，三姨娘满脸的愤怒，口中大声训斥着，斗儿披头散发地跪在院子中央，旁边是一个摔破的花盆，斗儿的腮上明显地有两个手指印，嘴角还渗着些微微的血丝。我一怔，这三姨太出手真够狠的。

斗儿一看是我，便一下子跪倒在我的脚下："小姐救我，小姐救我。"

"敢问姐姐，这是发生什么了？"

"你还好意思问，你难道不知道你这死丫头做了什么事情吗？我已经不止一次半夜看见这死丫头从老爷的书房里出来了，今儿个一早，老爷一走，我去老爷书房里拿东西，却见这个死丫头躺在老爷的睡椅上，真是有什么样的主人就有什么样子的丫头！"说着又是一巴掌打过去，斗儿整个跌坐在地上。

第二节　失意的人生

这一记巴掌也重重地打在了我的心上，我青楼女子的出身果然是要遭人诟病的。

"小姐，我没有，今日老爷走后我去打扫，太累了便睡着了，我真的没有勾引老爷，小姐你要相信我，你要相信我。"斗儿的脸上流下两行热泪，眼睛里充满了乞求，我不忍看她，便一下别过头去。

"我相信我的丫头，她是不会做出这种苟且之事，想必这其中定然是有些误会。"我试图用平和的语气来陈述这件事情。

"你相信？你拿什么相信？说不定你们两个沆瀣一气，两个青楼来的丫头，还不是为了老爷的财产来的？别以为我们不知道。"说着一脚踹在斗儿的肩头上，斗儿一下子便飞出去老远，痛得趴在地上。

"对了，我之前还丢了一个长命的银锁，想必也是你们主仆二人所为。王管家，你快去四太太房间看看，有没有我的长命锁。"王管家素来与三姨太交好，听三姨太这样说，便一股脑地跑到我的房间一阵乱翻，不多时，手里便拿着一把铜质的装饰锁出来，我的心一沉，瞬间明白过来，原来，这是一场早就酝酿好的阴谋。

"三夫人，你看是这把吗？"我惨淡地一笑，这样直奔主题的寻找的戏还能再假一点吗？

"正是我那一把。"三姨太的脸上露出狡黠的微笑，"四太太原来也是这种手脚不干净的人，我们王家怎么能留下这样的人？"

"我手脚再不干净，也比不上三夫人这栽赃陷害的功力，这王管家想必是早就知道这铜锁在哪里了吧，竟然找得这样快这样准。"我看了三夫人一眼，她的脸瞬间变成了朱血色，但是一瞬间就恢复了常态。

“到现在还敢嘴硬，这青楼出来的就是不一样，怎是我们这种大家小姐所能比得了的？”这朱碧鸾一口一个“青楼女子”，每一句都像是一把尖刀一下子捅在我的心上。

“都在吵什么？老爷这刚走没多会，家里就乱成这样一锅粥了，你们眼里还有没有我这个主母？”大太太说着便用凌厉的眼光看了我一眼。

“太太，这两个丫头一个去勾引老爷，一个偷了我的银锁，实在是太可恶了。你看，现在是人赃俱获了。”说着便抖了抖手里的银锁，果然是恶人先告状。

“真有这等事情？”大太太看了朱碧鸾一眼，虽是反问，我却听出了肯定的意味，果然是狼狈为奸。我哼了一声便不再解释。

“把这两个丫头给我关到柴房里，等老爷回来处置，狐狸精！”大太太说着便把佛珠朝我扔过来，我没注意，佛珠重重地砸在我的身上，三太太一脸出了恶气的表情，心满意足的扬长而去。

我望着高远的天际，忽然看见了天空中有成群的大雁飞过，王府的天空被四角的建筑隔了出来，像是一汪碧色的清泉，天空中一丝云彩都没有，一切都是那样的透明。我忽然觉得很累，本以为可以过些宁静的岁月，却偏偏又遇到了这样形形色色的女人，不经意间便成了一场没有硝烟的战争的主角，这样的生活是我所追求的吗？我不禁有些迷茫了。

泪眼中我觉得自己的面容像是被扭曲了一般，本是盛夏之景，我却觉得身上冒着寒气，这样的屈辱我要怎样才能咽下去，我不得而知。

没多久王大成便回到了府上，把我和斗儿放了出来，此刻我的心却如死灰一般，我对新生活本来还是有些憧憬与希望的，只是此刻，所有的一切都已经烟消云散。

我开始不爱说话，本来就沉默的我变得更加的沉默寡言，我只是想平静地度日，难道这样简单的愿望都不能实现？

没多久之后，王大成便生了一场大病，本是极简单的风寒，也没有多想，几日之后却是接连的高烧，王府上下乱成了一团，郎中开了很多药，一罐罐地喂下去之后，就是不见好，我急得像是热锅上的蚂蚁，到处派人寻药方。

而此时，更大的一场阴谋却在向我袭来。

不知从什么时候开始，流言像是潮水一般涌动着，这一夜，王府里寂静得可怕，偶然之间还能听到寒鸦在枝头上凄凉的鸣叫声。夜风一吹，风扫过枯叶沙沙作响。

忽然间房门打开，我被几个小厮抓起来，我刚想大喊，挣扎间之只觉得额头上被重重的一击，整个人便昏厥过去，失去了知觉。

待醒来的时候，发现自己被捆绑在一个暗室之中，身上被贴满了黄符，中间摆了一张桌子，桌子上摆满了祭品，解空空手里拿着一把剑，上面也贴满了黄符，只见她边舞剑口中一阵念念有词，忽然嘴里的酒精朝着身边的火把一喷，“轰”的一声火势更加猛烈了。紧接着解空空便又拿酒朝我身上一阵喷。

“你们这是在做什么？快放开我，放开我。”我大喊着，屈辱感让我拼命地挣脱着，身体却被捆绑得更紧，让我生生动弹不得。

我再看周围，大夫人和朱碧鸾双手合十，像是在默默地祈祷着什么，我心中哀凉至绝望。

“闭嘴，你这个不祥之人，老爷的病全是因你而起，所有的一切都是因为你而起。”朱碧鸾的眼眸紧紧地盯着我，那喷射出来的怒火足以把我活活烧死，大夫人还是一言不发，脸上摆着最常见的孤傲。

解空空继续作法，火光是那样的猛烈，我的眼睛微微半睁，整个人像是被抽空一般，我咬一咬嘴唇，心底的厌恶与愤怒几乎无法克制住。不知道折腾了多久，我终于失去了意识，眼前解空空的身影依旧在晃动着，身体未死，却早已心如死灰。我隐约间想起于兄说的“结束飘零”，若这样算是结束飘零，我愿意一辈子都在飘零之中。

法事之后，老爷的病仍旧未好，高烧不退甚至还出现了抽搐的症状，终于在一个滂沱的雨夜走完了人生的旅程。这像是一场噩梦一般，我痛苦不已。一切都是没有征兆的，从我嫁入王家，也不过才两年而已，我悲戚地拉着王大成的身体，那身体还带着些微微的体温，我甚至不相信，他就这样撒手人寰，前几日还带我赏花的老爷，竟这样离开了我。我的神志还未失去，我的身体被夺门而入的斗儿抱在怀里，我茫然张口，心痛之下连自己也未相信，王大成就这样死去了。我泪流满面，全身的气力仿佛在他死去的那一瞬

间被抽离了去。

“都是你这个扫把星！”三姨娘痛哭着，说完便是一个巨响的耳光，一下子抽在我的脸颊上，我的脸火辣辣的生疼间竟然也有了些快意。打吧，打吧，若这表皮之痛能让我心里的痛减轻一些，我宁可自己遍体鳞伤。

二姨太慌乱间，跑到我的身前，一把推开朱碧鸾，怒吼道：“老爷是病亡的，我才不信什么白门克死了他这一说，休得乱嚼舌根。”说着便要拉我起来。

“都别碰她，让她跪着！”说话的是大夫人，她亦是老泪纵横，许久不出声的她这一声便让所有的人想起了她的存在，连二夫人抓着我手臂的手也松开了，她焦虑地看了我一眼，便也不再说话。

“从这个妓女入门，我们王家就是祸事不断，整个家被她搞得鸡飞狗跳，现在连老爷都被她克死了，”大夫人忽然闭上了眼睛，深深地吸了一口气，“三日之内，寇白门给我滚出王家，老爷的葬礼你也不许参加！”声声凄厉，字字清晰。

我一言不发，像是待宰的羔羊一般，任由她们在我的身上拳脚相加，我的身体忽然间像是被抽离了一般，整个人跌落在地上。

待我醒来时已经是一片漆黑，想必已经夜半时分了，我昏昏沉沉地转了个身，却觉得身上汗津津的早已湿透。就在这半醒半睡之间，我甚至觉得自己像是做了一个噩梦，梦中的王大成死了，可是当斗儿尖锐的哭泣声传来的时候，我才分明地感受到，这并非是一个梦，她的哭泣与呜咽如野鬼般，时时提醒着我的伤心和失去。

第三节　浮云蔽白日

黑暗中，我仍旧能感受到整个王府上下哭成一片。

是夜，我躺在床上，身体孱弱到没有气力站起来，况且王家上下也不允许我踏进灵堂一步，我一个人躺在床上觉得头痛欲裂，只能暗自垂泪。

廊前檐下摇曳着姿态袅娜的藤萝，湿漉漉的水珠偶尔不经意间还会滴到我的身上，凉津津的，那种冰凉从肌肤的纹理上一层层地深入，直至骨髓之间。我觉得仿佛是有一片冰凉的刀片插入了我的胸腔一般，让我喘息不得。

忽然门“吱呀”一声开了，一个熟悉的影子映入眼帘，是二夫人林媚儿。她的脸上带着些凝重，我挣扎着要起身，却被她一把搀扶住。

“妹妹身子这样虚弱，躺着吧。”她扶我躺下，便坐在我身边，拉起我的手，虽然我与她的交往并不多，可是这样亲昵的姿势，我却觉得并不过分。

“姐姐……”姐姐这二字刚说出口，眼泪早已喷涌而出，哪怕我再骄傲再倔强，在关心我的人面前，我始终是那样的不堪一击。

“妹妹什么也别说了，这王家就是一个地狱，妹妹能早日离开，也算是一种幸运，如今老爷已经离世了，这个家再也没有什么值得留恋的了。”她深深地叹了一口气，眼睛也泛着点点泪光，“从第一眼看见你，我就知道，你也是个可怜的人儿，妹妹明日便离开了，姐姐没什么好送的，这个玉镯就当是送给你的礼物吧。”说着便把玉镯从手上摘下来，往我的手腕上戴。

“姐姐，这么贵重的礼物，我不能收，”说着便要递给她，我感动不已，在所有人都认为我是一个不祥之身的时候，在此刻能有人仍旧能称我一声“妹妹”，这样的情谊我怎能不感动？

“我家世代是戏子，正是在一次演出的时候，我被王大成看中了，于是便成了她的二夫人。初进王家的时候，大成待我是极好的，那时候的陈氏

正怀着身孕，脾气暴躁，常常以处罚我为乐，有一次说我偷了她的东西，一怒之下要打我，我一躲，陈氏整个人重心不稳，狠狠地摔在地上，孩子没了。”林媚儿的眼睛中泛着泪光，陷入了深深的回忆之中，“陈氏醒过来之后知道自己孩子没了，哭天喊地地一阵闹，硬是把所有的罪责怪到了我的身上，在那之后，她便无时不刻地折磨我，老爷也渐渐厌烦，再不来我房中，可怜我到现在也没个孩子，他就这么走了。”说着她便大哭起来，我的泪也如雨下一般，这样的痛时隔多年之后，一提起来仍然痛到无法喘息。

我一把搂紧了林媚儿，轻拍她的后背。这林媚儿也是一个可怜的女人。

哭了半晌，她微微有些平静了，继续说道：“别看陈氏表面上吃斋念佛，心肠却歹毒得狠，这大概也是宿命吧。从那之后她再也没有怀孕过，这也算是报应了。”她脸上全是愤怒，我能看出那种来自心底的疼痛。

“算了，妹妹，我跟你说多了，你还是幸运的，你还可以重返秦淮河畔逃离这个魔窟，而我这一世，注定要耗在与陈氏的争斗之上了。”她陡然一笑，整个人是那样的凄艳明丽。

哽咽的喉间让我一瞬间说不出话来，我用力地点了点头，“姐姐，珍重”，鼓足了气力，终于说出“珍重”两个字来。明月不谙离恨苦，斜光到晓穿朱户。活了三十年，我才慢慢地体味出来，人活在这个世界上，是来修行受苦的，这人生的西风凋碧树，茫茫天涯路早已经被命运戳穿，你再努力地去抗争也无用，只是悉心地去品味这其中的甘甜苦辣，你再不甘心还是要回到属于自己的道路上奔走，走到声嘶力竭，直到生命陨落。

第二日一早五更天，我和斗儿便收拾了些简单的行李准备离开王府，走至大厅的时候，却看见陈氏和朱碧鸾坐在那里，我看了她们一眼，一言未发，便继续往门口处前行。

“寇白门，你给我站住！”是朱碧鸾的声音，果然，离开也不让我走得干脆。

我站住怒视了她们一眼：“敢问两位夫人有何贵干？”

“我们王府虽然不是才富五车，却也是大户人家，你就这样离开，保不准还顺手牵羊了些什么……”朱姨娘的脸上又出现了那种惯用的尖酸表情，我不禁一阵厌恶，这两个女人未免有些欺人太甚了。

“想必这三夫人是孤陋寡闻了，难道三夫人没有听闻过秦淮河畔的寇白门曾经一月之内筹集黄金两百万两来赎保国公的事儿？呵呵，这孤陋寡闻的人儿，你不是要看我这包袱里有没有私藏你们王家的金银财宝吗？我给你们看！”说着便一下子就扔到朱碧鸾的脸上，她来不及躲闪，一个踉跄，险些要跌倒。

再一看那朱姨娘，整个脸因为生气而扭曲，一副恼羞成怒的表情，声音也结巴起来：“这……你……你……你这个妓女敢这样跟我说话！”

“妓女怎样？我以后活得会比你开心得多，你这一生就耗在这深墙大院之中吧，至于我包袱中的那些衣服，你自己随便去看吧，看看喜欢哪一件就自己捡着穿吧。”我莞尔一笑，身上的每一个毛孔都散发着报复的快感，第一次豁然明白做自己没有什么不好。

说完这些，我便转过身子用最优雅的姿势离开，那笑容在转身的瞬间倏地收起来，所有的倔强与锋芒在那一刻碎成了一地，两行热泪一下子滴落下来。清晨的阳光照得我的眼睛有些睁不开，北窗下一阵风吹来，吹在身上很舒服。

这便是我最后的决绝与骄傲，是任何人都不容许碰触的。我明白，有些事情终究是要勇敢去面对的，我简衣素髻踏着满地细碎的尘叶而去。

门外，早已备好了马车。这是桃花盛开的时节，连燕子都要归巢了，我就这样离开，就像我从来没有来过一般。只是，我对王大成却始终存在着一份愧疚之感，终究夫妻一场，他的葬礼，我却不能参加。

门外初升的阳光照在了我的脸颊上，我擦干眼角的泪水兀自地笑了，现在的我已经三十岁了，我再也没有了青春年少，我曾经那高傲不知收敛的心性也早已被时光渐渐磨平。我忽然想，若是当日我没有离开倚月楼，没有嫁给王大成，我现在的生活是怎样的？若是这一生真的有后悔药可吃，我想我的悔恨必然要从十七岁开始，一步错了，步步都是错的。

马车带着我和斗儿往秦淮河畔的方向走去，那是我熟悉到不能再熟悉的地方，我的耳边可以听见嗒嗒的马蹄声，声声都敲在我的心上。蓦然回首间，看着窗外，似乎是下雨了，更像是我冰凉而落寞的眼泪。

“妹妹，你等一下……”耳畔忽然想起了二夫人林媚儿的声音，我掀开帘帷，果然见她擎着一把红色的油纸伞，一脸焦急慌张之色，我急忙命车夫停下，冒着小雨向她跑去。

“妹妹此番离开也算是解脱了，一定要好好保重身体，这是我帮你筹集的一些银两和首饰，我知道陈氏和朱氏是绝对不会让你带走一点东西的。”说着便把一个包袱往我怀里塞。

“姐姐保重，我怕是再也无法与你相亲近了，”想起过去的种种，看着眼前的人儿，心里一阵难受，如翻江倒海般。

“白门妹妹保重。”她的脸上也是一脸的悲戚之色，身后的斗儿轻轻地拽了一下我的衣袖，耳语道：“该走了小姐，天黑前我们怕是要赶不到秦淮河了。”

我点了点头，狠了狠心，便让车夫绝尘而去。我回头看，只见林媚儿仍旧擎着那把红伞，遥立在雨中，朝我挥手道别，在这雨天更是显得格外的温情，我的心一阵暖暖。

还好，在我离开的时候留给我的是这样温情的画面。

第四节 肠转千回，怒答婢女

再度重返秦淮河畔，此时的自己早已没有了当年青春年少的资本。

我冷眼看着镜中的自己，面色是那样的沉寂，像是波澜不惊的一口古井，眼角细纹横生，白发似乎有多了些许，而出现在我身边的女子，皆是青春的少女，她们明丽的笑容，吹弹可破的肌肤，是我可望不可即的。她们像是一朵朵美丽的鲜花，盛开在我的周围，等待着有缘人的采摘。而相形之下，我显得黯淡无光。

如今我已回到了秦淮河畔，我仍旧要做可以震慑人心的女子，我要美艳，我要极尽奢华，我不甘让自己就这样沦为妇人，最终“门前冷落鞍马稀”，直至枯萎老死。

我时常看着斗儿发呆，她才二十岁，肌肤明净，如剥壳的蛋皮般晶莹剔透，一头乌黑的秀发缱绻在后背上，一颦一笑让人心动，而我却三十岁了，再也不会有那样明艳纯真的笑容了。

我开启箱锁，挑选出自己当年最华贵美艳的服饰，那是用繁华丝锦织成的金丝上衣，上面点缀着晶莹剔透的钻石。绿色的扶宜裙上，更是绣满了千叶海棠花，再加上我浓重的脂粉，身上的疲惫与暗淡之感果然一扫而光，我看着镜中的自己，终于觉得满意了。当所有人都在称赞我明艳如昨日的时候，只有我自己知道，我是费尽了怎样的心思来遮挡肌肤上的暗沉与灰暗，我觉得恐惧极了，我开始害怕，我怕有朝一日我皱纹横生，再厚重的脂粉也遮挡不住的那一天，我将用什么样的面目来面对世人，我乞求时间过得慢一些，好让我老得也慢一些。

可是，倚月楼来拜访我的人终究还是少了。

那一日，我正坐在窗前，悠然地画着兰花，我是有多久未曾动过笔了，

天气渐渐地热起来，我看着外面盛开的合欢花不禁有些出神。那浅红橘粉的颜色，着实惹人怜爱，花瓣是那样的柔软，就像是女子嘴唇上清淡的脂粉一般，一阵风吹来，花瓣簌簌地飘落，带来一股若有若无的清淡香气，我不禁深处双手去承接，那淡淡的花瓣在手掌中显得更加旖旎，我不忍洒落。

“小姐，门外有个后生求见。”斗儿的声音传来。

“不见。”我想都没想便一口回绝了，这样的好心情怎容许一个男子来打扰？

“小姐，昨日那位年轻公子又来了。”第二日亦是如此，不知道过了几日，他日日都来，我冰冷的心有些融化了。

倚月楼内，这位年轻的后生着了一件白色的衣裳，黑发和衣带子飘飘逸逸，不扎不束，微微飘拂，他的肌肤上隐隐有光泽流动，眼睛里闪烁着琉璃的光芒。他是那样的年轻，是那样的干净。

“在下宋子谦，南京人士，今日特来倚月楼拜见姑娘。”他便掏出自己的名帖递予我，我的脸上是一副平静而冷淡的表情。这么多年，似乎我早就养成了这样的表情，我不接受也不拒绝，示意他放在桌子上，便开始去做自己的事情，他也不说什么，只是静静地看着我，我拿起自己未绣完的《清明上河图》，又开始动手绣起来。

直至天黑，他起身告辞，第二日、第三日亦是如此，不知道第几天，倒是我有些忍不住了，抬起头来询问道：“你日日来倚月楼，难道只是为了看我？”

“我看姑娘日日在忙着绣这《清明上河图》，实在是不忍打扰，想等姑娘忙完了。”他一脸的单纯，我不禁哑然一笑，但瞬间又觉得这一笑有些失礼。

或许就是从这一刻开始吧，我们像是拉近了一些距离，子谦日日来看我，偶尔聊聊天说说话，日子过得倒也算是平静。

只是我的身体却愈发的差了，常常在深夜里咳嗽不已，腹中也开始疼痛难受，像是要把五脏六腑咳出来，我静静地听着窗外的风声，像是呼啸而过的马车一般，我心下有些焦躁。

此时门开了，是宋子谦，他看着我苍白的脸色，吃了一惊。

"白门小姐是生病了吗？"他坐在我的病榻前，我挣扎着要起来，他的手顺势搭在我的额头上，我的心竟然有些感动，多久没有人真的这样关心过我了。

"宋公子，你能陪我说说话吗？"他的温柔像是戳中了我心底最柔软的地方，我的倾诉欲瞬间被打开了。

他的眼睛有一丝的闪躲，但还是点了点头，我知道此刻的我是那样的虚弱，面色苍白，乱发一缕缕地搭在额前，此刻这样的我怎么还能留下高傲？我像是一个老妇人般嘘嘘叨叨，嘤嘤絮语。从十七岁开始，喋喋不休地重复着讲，我一个人重返金陵的那一段我反反复复地讲了一遍又一遍，看着自己孱弱的身体，我甚至自己都能感觉到由内而外散发出的死亡气息。或许，只有那一段风光而旖旎的岁月，代表了我这一生高傲与自尊的制高点，穷极一生那都是我所追求的。

少年的脸上是那样的平静如水，他起身为我倒了一杯水，脸上忽然间有了些笑意。他清淡的笑容里，像是一抹清淡穿越林间的清风，还带着些新生之物的欣欣向荣之感，给我的心带来了一丝的清凉，我听着自己孱弱的心跳，"咯噔咯噔"，就像是谁用小锤子一下一下地敲击着果实坚硬的外壳，"砰"的一下敲碎了那强装的坚强。

我的手颤抖着抚摸着他的脸颊，我陡然发现自己竟然是那样的虚弱。他轻拍着我的后背，让我的头依偎在他的肩膀之上，轻声地安慰道："白门小姐，一切都会好起来的"。听到这一句话，我整个人都缀泣起来。

他忽然像是想起什么来，温柔地看了我一眼，"白门小姐，天色已晚，我还有些事务要处理，不便奉陪，在下先告辞了。"我骤然发觉，刚才伏在他肩头啜泣的情形实在是太过亲昵了，于是便坐直了身子，赶紧擦拭掉脸上的泪痕。天色已晚，果然是个正人君子，我心里暗暗赞叹道。昔日柳下惠坐怀不乱，这宋子谦也是个品行端正的人。

"宋公子，今夜我身体不适，你可否陪我说说话？"我知道他不会拒绝。

"这……这……天色已晚，我实在是不便再打扰了。"我有些愕然，脸上红云滚滚，这宋子谦居然这样拒绝了我，这字字句句好似尖锐锋利的刀片，割在我的脸上，让我整个人羞愧得无地自容。我在震惊中怔怔的一动不

动，从来没有人这样拒绝过我的，或许这宋子谦真是个正人君子吧，恍惚中我这样安慰自己，此时的我瞬间有了深深的失落与哀伤。

我不再说话，宋子谦看我的眼神中也多了一些愧疚之色，他像是劝慰般的自言自语道："那我明日再来看你。"说着便把我的手放在被子里，起身离开。

罢了，今日的我是个病中之人，我现在的这副模样怎能让人喜欢。我默然良久，竟然生出了些恐惧之感，仿佛是雾中点燃的檀香一般，眼睛渐渐模糊起来。

迷糊了一会，便觉得有些口渴，前几日斗儿回老家探亲，才想起这一下子已经几日过去了，便唤起丫鬟斗儿来。唤了斗儿几声，却无人应答，这个死丫头不知道跑去哪里了。我摇了摇头，挣扎着起身来自己倒杯热水，算了，这几日我生病，都是她一个人在照料我，想必是累了在隔壁的房间睡觉吧。

这个丫头睡觉喜欢不盖被子，我想到这些便向隔壁走去，隐约间却听见了些怪异的声音，像是重重的喘息声与笑盈盈的嬉笑之声。我在推开房门的一瞬间惊呆了，房间内宋子谦怀里抱着斗儿，两人在做苟且之事。

我心中的怒火一下子便燃烧起来，我不知道哪里来的力气，一下子就拉过斗儿来，用尽全力"啪啪"就是两耳光，我从来未曾想过我信任的丫鬟却用这样的方式背叛我，我的眼中饱含着泪水，心灰意冷间的心痛夹杂着唇齿间的冷笑几乎要横溢而出，我果然是老了，比不过年轻貌美的女子了，所有的酸楚在这一瞬间都涌上心头，我却死命地把眼泪强逼回了眼眶中。

原来，这世间最凉的是人心。

第五节　香消玉殒

看着我的样子，宋子谦仓皇间夺门而逃。

斗儿跪在地上，啜泣起来，我觉得自己浑身像是被霜冻了一般，丝毫没有任何的温度，我的双脚似乎是早已麻木了。看着斗儿的样子我觉得有些辛酸，更多的是悲凉。

"没想到，终究还是最信任的人背叛了我……"我别过脑袋不去看她，眼中噙满的泪水夺眶而出，我没想到，真的没想到。

"小姐……"她抱着我的腿跪在地上，"小姐，我一时糊涂……你原谅我好不好？"

我低头看着她眼睛里水汪汪，一副楚楚可怜的模样，想必她也是用这样楚楚可怜的眼神看着宋子谦吧，我心里一阵厌恶，我冷眼瞧着她，竟然再无一滴泪落下。

我狠狠地推开了她，是那样的决绝，斗儿的脸上有些愕然，但瞬间我便从她的眼神中看到了不屑与挑衅，这是我从未见到过的神情，我忽然觉得她整个人离我是那样的陌生与遥远。

"我做错了什么吗？宋公子又不是你的男人？况且你看看你此刻这副鬼样子，宋公子怎么会喜欢你？"她站起身来，拉我到铜镜前，镜中的女人颧骨突出，眼神凹陷，头发散乱还掺杂着些白发，整个人都散发着一种死亡气息，而身边的女子，珠圆玉润，皮肤吹弹可破，果然是千差万别。

"你这个老女人……"她这半句话还未说完，我便又一巴掌打过去，我这样骄傲的人怎么允许她这样说我？我不停地打不停地打，她也不还手，只是用凌厉的眼神瞪着我，我所有的酸楚都一下子涌上心头，我的双手已经麻木，不知道抽打了多少下，我终于住手，整个人像是被抽空了一般，一下

子瘫坐在地上，可是我仍旧无法消除内心的愤恨，继续破口大骂起来，我与她竟然到了这样的一个地步。

我终究不再说话，也不再流泪，“斗儿，你走吧。”

“什么？”她像是没有听清楚。

“我说让你走啊，滚出我的世界，我希望此生再也不要见到你。”字字坚定，清蒙的细雨像是冰凉的泪水，若这个世界上有孟婆汤就好了，我便可忘掉这所有的痛苦，一切重新开始。

我像是做了一个冗长的梦，一世那么长，梦中的我云鬓花颜金步摇，脸上含着如常的笑意，我仍旧是端庄美丽的寇白门，仍旧是秦淮河畔最美丽的女子。外面像是下雨了，我闭着眼睛却依然能感受到外面的风景，可是我的眼皮却是那样的沉重，沉重到我无力睁开，乱红如雨，我仍旧在路的中间前行，蓦然回首间我却发现，我已经走到了这里，却再也不记得来时的路了。

时光像是一批上好的绸缎，三十年弹指一挥间，我老了，再也不是那个青春年少的小姑娘了。这样想着想着，我的心便更加空落下去了，几乎要冷到内心的最深处。我这一生，注定是悲剧的一生，从小出生在娼妓世家，十七岁的时候以为遇见了可以拯救自己于苦海的男子，我尽心尽力地扶持，他入狱我跟随，他生病我细心照料，最终却换来“你不过是我花钱买来的一个妓女，你有什么资格教训我”这样的评价，我心痛到极点；爱上韩生，本以为他是一个光明磊落的铮铮铁汉，最后却发现他为了偷生，要把我献给多铎，庭堂之上他是大清的降臣，奴颜婢膝，我竟然会爱上那样的人，第一次的心动却以这样的结局收场，这是怎样的一个笑话？而最后的一段感情，本不该开始，人人都无法体味到我内心的苦楚，看到的只是我风华绝代的外表，其中的冷暖，如人饮水。

梦中的我越来越小，渐渐地变成了一个小女孩的样子，在轻薄的日光下轻声低吟着：

> 一张机，采桑陌上试春衣。风晴日暖慵无力。桃花枝上，啼莺燕语，不肯放人归。
>
> 两张机，行人立马意迟迟。深心未忍轻分付。回头一笑，花间归去，只恐被花知。

三张机，中心有朵耍花儿。娇红嫩绿春明媚。君须早折，一枝浓艳，莫待过芳菲。

四张机，鸳鸯织就欲双飞。可怜未老头先白，春波碧草，晓寒深处，相对浴红衣。

……

九张机杼拓相思，素手还成并蒂枝。渺渺银河飞恨远，怡筝醉雪舞清姿。

清淡的风吹着女孩白净的小脸蛋，她似乎不解其中的意思，反复地颂吟，夏日里悠长的蝉鸣发出沉闷的叫声，偶尔还有轻绵的合欢花被微风吹起，吹在女孩乌黑的秀发上，悄然无声。

我的心默然的一阵疼痛，我觉得我的身子越来越轻，像是要飘起来一般，我看着这昔日繁华的秦淮河畔，内心怅然不已，或许离开便是我最好的归宿了。秦淮河畔各色艳丽的女子在徜徉着，她们或期待或悲伤，抑或是在重复着我昨日的故事。或许多年后她们仍旧记得这个秦淮河畔曾经有一个女子叫寇白门，人们会在声声唏嘘中讲述我的故事，或带着感动或苛着看客特有的微笑。这晨光是如此的清美，我倦然一笑。只是，这所有的一切都跟我不再有关系了。

我闭上眼睛，享受着这人生最快意的欢乐。忽然一阵幽香传来，我睁开眼睛，恍若间是一个鸟语花香的地方，我粲然一笑，再也不会有这样美好的笑容了。

“四张机，鸳鸯织就欲双飞，可怜未老头先白，春波碧草，晓寒深处，相对浴红衣”，原来这一首《四张机》早已唱破了我的一生。

第十一章

番外篇

平原草枯矣，重阳后，黄叶树骚骚。记玉勒青丝，落花时节，曾逢拾翠，忽听吹箫。今来是、烧痕残碧尽，霜影乱红凋。秋水映空，寒烟如织，皂雕飞处，天惨云高。

人生须行乐，君知否。容易两鬓萧萧。自与东君作别，刬地无聊。算功名何许，此身博得，短衣射虎，沽酒西郊。便何夕阳影里，倚马挥毫。

第一节　韩生——斜倚云端千壶掩寂寞，纵使他人空笑我

良夜深沉。

这注定又是一个不眠之夜了。

我的母亲是个美艳的女子，我的父亲是一个大将军，只是，他的生命消逝在了战场上，从我八岁开始，我就是一个只有母亲的孩子。

如果你知道岳母刺字的故事，你一定会懂得我的母亲，她是如何教导我要做一个像父亲那样的男子。可是，我精忠报国的思想最终还是报国无门。

我的舅父，也就是母亲的哥哥，是保国公，大明皇族的后裔。若说他淡泊名利，倒不如说他贪生怕死，这是我最初对他的评价。

十五岁的时候，我便跟随大将史可法杀敌，保护岌岌可危的大明王朝，对于先生我是极其敬佩的，他气宇轩昂间我总是能感觉到父亲的气息，是那样的温暖且带着些男人的温柔。那个时候的我，发誓要为我大明王朝流尽最后一滴血。

后来清兵入关，崇祯皇帝吊死煤山。我在先生的带领下，为大明王朝贡献着自己最后一丝气力。那时的扬州一片血海，先生亲临战场，誓死杀敌，我看着他站在城墙上威风凛凛的样子，我默默地对自己说，有朝一日，我韩生也可成为那样一个神一般的男子。

可惜没多久，扬州便沦陷了，先生死了，当我亲眼看着一支毒箭射入先生胸口的时候，我看着心中的英雄一点点地跪倒在地上，直到失去最后的一丝气力，我的心仍跟着颤抖。我想到了舅父，他是我大明的皇族后裔，若有他的帮助，我大明复国有望。

我一路快马扬鞭，飞奔回金陵。扬州城战火硝烟，而此刻的秦淮河畔

仍旧纸醉金迷，繁华不减歌舞升平。

人人都说秦淮河畔的女子是水做的，柔情似水，可是我却想起了两句诗："商女不知亡国恨，隔江犹唱后庭花。"我一路回到金陵，去拜见舅父，此刻的我是多么想尽快地见到他，说服他去匡扶我大明江山的复兴事业。可是，管家却告诉我，他在秦淮河畔的倚月楼。

这像是一个霹雳一般，一下子惊醒了我的复国梦。我的大脑因为愤怒而变得失去了理智，我快马来到倚月楼。此刻的舅父正穿着华服，坐在倚月楼花厅里吃茶，样子是那样的无忧无虑与悠然自得，我愤怒了，我想起了先生临死前那双没有闭紧的双眼，那样的不舍与空洞。

一番慷慨陈词之后，舅父仍旧无动于衷，我起身而起，可是就在我离开的那一瞬间，我遇见了你，我今生爱过的女子，寇白门。

你穿着一件花色的袍子，眼睛明眸秋水般，你站在倚月楼的窗户前，静静地看着我，那一刻我甚至觉得，我说的这些你都懂，你是懂我的。

那时起我时常会梦见一个女子，梦中的她笑靥如花。我从未有过这样的情感，我也从不知道我也会爱上一个人，可是就是这样，爱情来了。本以为再也不会有交集，却不想，那日我竟然在自己的府上遇见了你。

你穿着一身男子的服饰，头上还像模像样地戴着一顶小方帽，样子是那样的瘦小，我一眼便认出是你，因为我记得你那双宁静而柔美的眼睛，那双看起来好像懂我的眼睛。

你是那样的直白，你说你喜欢我的慷慨陈词，你说你觉得我是一个真英雄，我被逗笑了，这是我第一次听见有人这样夸我。后来，我们便成了无话不谈的好友，虽然你是秦淮河畔的青楼女子，我们之间有着太多的不同，可是我们却拥有那样多的共同语言，泛舟秦淮河，一起下棋读诗，日子就这样在指尖流过。

直到有一天，你深夜造访我，你双眼红肿似核桃般，哭过的痕迹明显。这是我第一次看见你柔弱的样子，跟平日里的铮铮女侠截然不同，你说皇帝要纳你为妃，舅父要娶你为妾，你说想听听我的意见。

你的眼神中充满了太多的期望，甚至将我淹没，此时正是国破家亡的时刻，如果能保全你的性命与幸福，我又能多说什么呢？况且我是要报效国家的。我用这样的理由告诉自己，我不敢看你那双殷切的眼睛，时间一分一秒地过去，我没有看你的眼睛，却能感受到她慢慢地暗淡下去，我的心跟着抽搐，直到你轻声地说出“打扰了”三个字，转身便消失在撩人的夜色中。我知道，或许我们的故事就此完结了，我就这样失去了你。

后来，你嫁给了我的舅父，成了他的姬妾，可是我知道，他并不爱你，就像你不爱他；他滥用职权给了你一场盛大斑斓的婚礼，却给不了你一份完美的生活。我常常看见你神色憔悴，我知道你过得并不好，虽然你拥有倾国倾城之貌，却仍旧无法留住舅父那留恋于章台柳的心。

没多久，南明小朝廷也终结了，我决定离开金陵去杀敌，我最后一次哀求舅父，自拥旗帜，你甚至跪在舅父的面前，苦苦哀求，可是丝毫没有效果，舅父还是一副气定神闲、事不关己的样子。

离开金陵的那日，你去送我，你微笑着说有朝一日我定能成为一个大将军，凯旋而归。你就这么看着我，直到我消失在人海的尽头。我抱着赴国难的心情，投身到反清复明的大军之中。那时候的我，每天胸怀壮志，上阵杀敌。

可是，不幸的是，没多久我被捕了。我被关押在黑暗的牢房中，每日千百遍的酷刑。他们让我做叛徒，我大明的子孙怎可向清人投降？哪怕那种疼痛让我觉得无法忍受，我还是坚持着。直到有一天，我在牢房里又见到了我的娘亲，此时的她已经两鬓斑白，眼睛里面含着泪水，嘴里一声声的“生儿”，每一声都叫得我肝肠寸断。

当皮鞭第一下抽向我的母亲的时候，我再也忍受不住了，我成了降臣，我甚至向敌军贡献了反清复明人员的名单，我安慰自己说，这一切都是为了我的母亲，百善孝为先。堕落就像是打开了一扇门，我进去后，再也无法关上。

我得到了大量的金银财宝与美女，我终于过上了功成名就的日子。这些哪怕是我用自己所谓的人格与尊严所换来的，我觉得在所不惜。

清兵的首领多铎是一个好美色的男人，我知道他私下里派人搜寻秦淮河畔各种各样的美人儿，为了讨好多铎，我甚至想到了那双绝色楚楚可怜的眼睛。而就在此时，一个新的消息传来，白门与舅父决裂，重返秦淮河畔，又回到了倚月楼。

如果说一个发财升官的机会摆在你面前，你定然会分外的珍惜，我亦如此，鬼使神差般我便又回到了倚月楼，我又见到了我曾经倾慕的人儿。此时的你眼角已经有了些微微的细纹，却仍然无法掩盖住你身上所散发出来的光芒，而我，是怀着别样的心态来看你，言语间不免有些闪烁其辞。

你待我仍旧是从前般的热情，你说要常来看看你，言语间有些小女子的娇嗔，我仓皇而逃。直到后来，我们再见面的时候，你的眼睛里面再也不会有那样真挚而明艳的表情了，多了一份不卑不亢与仇恨。没想到，再相见时我们是这样的境地，在多铎的庭堂里，你是她抢来的女子，而我是他要封赏的功臣。

你就这样看着我，是那样的平静与悠然，我的心上犹如千百万的蚂蚁在行走，吞噬着我的心脏，我曾经是你的英雄，而如今，我变成了一个逃兵，一个逆臣，此刻的你定是恨死了我了，可是我却也是别无选择。

你说要为我剃发，脸上一丝的表情都没有，我忽然就想起了我初次遇见你时你明眸秋水般的眼睛，是那样的清澈，而今却……或许一切都回不去了。我又想起了含辛茹苦把我养大的母亲，那剃发刀闪着一丝的寒光，若我命丧于此，谁又能让我的母亲颐养天年，我的额头上汗珠迸出，神经紧张到了极点，难道我真的小命休矣吗？忽然之间，那举起的双手扔下了剃发刀，你脸上的愁恨荡然无存，我看到了你那张泪流满面的脸。

你掩面而泣，我长吁了一口气，一下子瘫坐在地上，我终于没有死在你的刀下，你毕竟是我曾经心动的女子，周围全是哄笑声，我不管不顾，值得庆幸的是我活下来了。你看了我一眼，转身离开，是那样的豪情壮志，令人惊奇的是多铎居然没有再把你找回来，或许，他被你所征服了吧，你这样的女子注定是一个传奇。

那是我最后一次见到你，可是我却没有停止过搜寻你的消息，后来，你又嫁给了一个孝廉，你的生活仍旧是不幸福，没多久你又重返了秦淮河畔。而我的生活也并没有好多少，本以为可以做一个像父亲一般的大将军，可是，我却仍旧没有得到新朝廷的重用，毕竟我也是前朝的人，我出卖了我的国家，这注定让我背上了一世的骂名。

我做了一个小官，生活倒也安逸，只是一辈子我都生活在羞愧之中，后来我娶了几房妻妾，我知道她们永远无法与你相比，无论是在才情上还是性格上，她们偶尔会为了些琐事而争吵，甚至破口大骂，我就在这样琐碎而聒噪的环境里里度过了我的一生。

我很多次的做过这样的一个梦，我梦见那日我带你离开了秦淮河畔，你并未嫁与舅父，我们过着简单而快乐的日子，你是我唯一的新娘，如果重新选择，我宁愿战死沙场，却再也不愿背负那一生的骂名。

只是，这也只能是只是了。

第二节　朱国弼——山有木兮木有枝

初夏的天气中带着一丝的温热与烦躁，整个牢房里静谧无声，我坐在墙角边看着身边不知名的小虫子不经意的从身边飞过，那扇动的翅膀扑棱扑棱，身上是被蚊虫叮咬过的大包，奇痒难忍。

我是朱国弼，前朝的保国公。

我被抓起来的理由很简单，因为我是前朝的遗老遗少，我没有了国，我也没有了家。他们要我交巨额的赎金才放我回家，国破的时候我早已散尽了千金，而这巨额的筹款更是让我无从下手。

我有很多很多的妻子和姬妾，没办法我是贵族，我的血液里面流着高贵的血，而如今这又成了我深陷囹圄的一个借口，我不知道这是福还是祸。年轻的时候，我风流倜傥又才华横溢，有无数年轻貌美的女子周旋在我的身边，想要得到谁我便可以得到谁，这种习惯似乎一直延续了我的一生。我父亲在世的时候，常常教导我做人要稳重，可我贵公子的习气却让我留恋于章台柳间，垂涎于美色和酒肉之中，对政治完全不感兴趣。

李自成攻陷京都后，南明小朝廷建立，我皇族后裔的身份马上得到了拥护，我成了南明小朝廷的保国公，这是无比荣耀的身份，此时的我早已过了不惑之年，美女早已司空见惯，我需要的是绝色的美人儿。而此时，我听到了一个名字，寇白门。

我常常听到很多关于她的传说，说她貌比西施，才赛班昭，能度曲，善画兰，这样的美人与才女，我怎么能不去看一看？可让人觉得意外的是，她竟然拒绝见我，这没有浇灭我的热情却让我越挫越勇，我带着老友于震心效仿刘备三顾倚月楼，刘备能拿的下诸葛亮，我朱国弼还拿不下一个青楼女子，这岂不让人贻笑大方？或许正是这样的心理，让我越挫越勇，早已过不惑之年的我仍旧拥有一颗不服老的心。

我终于得到了寇白门，我给了她最豪华的婚礼，我擅动兵权，让五百将士掌灯，一瞬间黑夜白如昼，因为她说，她不想在夜色中嫁人，而我满足了她的要求。白门果真是个奇女子，拥有倾国倾城之貌和过人的胆识，她配得上这样豪华的婚礼，这让她一时间成了金陵人人口中艳羡的对象，而她的美貌也满足了我对女子的虚荣与爱慕,不可否认这便是我娶白门最初的目的。

很多年之后，我常常会问自己，我有爱过她吗？我常常笑了笑然后摇摇头，她从未走进过我的心里，果然，没多久我便发现我厌弃了她，我不再宠爱她，不再把她抱在膝头上读书，也不愿意再听她唱那些莺莺燕燕的小曲。我又开始留恋于章台柳间，我对自己说再美的女子也有看够的一天，况且是一个我花了两万两银子买来的女人。

我自幼便熟读四书五经，我信奉“女子无才便是德”的儒家思想，而白门不是这样的女子，不知道为什么，我曾经喜欢的那些优点一下子就变成了缺点，我讨厌她在我的耳边絮絮叨叨地讲“国家兴亡，匹夫有责”。我是保国公，一人之下万人之上，怎允许一个我花钱买来的青楼女子对我指指点点？我常常提醒她注意自己的身份,“你不过是我花大价钱买来的一个姬妾”，第一次这样说的时候，我看着她空洞的眼神，甚至有了些快意的报复感，跟我作对是没有好下场的。

后来，清兵入关，福王逃跑，南明小朝廷一下子土崩瓦解。我一下子变成了前朝的遗老遗少，哪怕我还是一个贵族。1645年清兵南下，我和众多的大臣在一个大雨滂沱之夜迎接清兵，我做了降臣，本以为我可以保住我的荣华富贵，可是没多久我便被抓了起来，一路押向北京，令我没想到的是，白门居然一路上跟随，悉心照料，多少给了我些慰藉。

那一日，白门说要为我唱小曲，我允诺门外的侍卫大嚷着要她闭嘴，没想到她那烈性子一上来，琵琶弹得更起劲儿，清兵挥舞着刀她也不肯停止，眼见着刀要落下，我一把甩了琵琶，这样顽劣的女子我怎会爱上？

后来我被软禁起来，要交两百两黄金作为赎金，这兵荒马乱的时节，我的千金早已散尽，我拿什么来作为赎金？如果没有赎金我就没有自由，甚至会有杀身之祸，那时候的我似乎被逼近了死胡同，没想到却也绝处逢生。

我想起了苏轼，当年苏轼被流放岭南，也是遣散了姬妾，她们是我买来的，我当然有权利去卖掉她们，来换取我后半生的自由，我有时候常常会想，甚至会痛恨白门，若我当时留下了这白银万两，现在岂会深陷囹圄？

当姬妾们知道了这个消息的时候，全家上下乱成一团，啜泣声此起彼伏，而白门确是出乎我意料的淡然，她的脸上没有一丝的幽怨，不知道为什么我甚至还读出了些谈判的味道，“若卖妾所得不过数百金……若使妾南归，一月之间当得万金以报公”，这几句话反复的在我的脑海中回荡，语气中有不容置疑的坚定，我竟然鬼使神差般点头允诺了。

没多久我便被放了回去，我的脸上带着些微笑，白门果然没有让我失望，她救了我的命，那时的我迫切地希望见到她，我没想到她居然有这样的能力，一月之内筹集了上万两黄金，过去或许我错了，我甚至觉得自己对她有了些愧疚之感。或者我爱上了她，爱上了一个愿意为我心甘情愿付出的女子，我发誓等我见到她，我一定告诉她我爱她，从来没有像今天这样的爱过。

我回到家中的时候，此时正是暮春时节，府上的花蕊开得姹紫嫣红，所有的一切都冒着一股精气神儿。我满意一笑，白门果然是一个能干的女子。可是所有的一切并没有按照我想的情节发展，白门一脸的庄严，几番慷慨陈词之后，便扬长而去，原来“你不过是我花大价钱买来的一个姬妾”这样的话语，早就刺伤了她的心，看着白门越走越远的身影，我终于明白，我们的故事早已覆水难收，她就这样离开了我的世界，我了解她，她再也不会回来。

很多时候我都会想起她，就像想起了自己的某种习惯，我不爱她，却还是会想念她。年纪越来越大，身体也越来越不健康，再加上前途渺茫，很多次我都让于震心去帮我把白门找回来，我常常幻想着，有朝一日她能重新回到我的身边。等年纪越来越大，我才知道，我这一生虽然喜欢过千万女人，但白门才是最适合我的那一个。她有情有义，有胆有识，对我更是费尽心思的侍奉。只是，当我慢慢地明白这一切的时候，所有的一切都已经成定局，回不去了，一切都回不去了。

白门死后的秦淮河畔，再也没有人可以超越了，倚月楼被拆掉，拆掉的那一日，我拄着拐杖让我的孙子搀扶着，我站在不远处，看着倚月楼轰然倒塌，我的心像是瞬间的死去。我终于明白，当那些伤人的话全部说出口的时候，当我费尽心机的要把白门卖掉的时候，我在白门心里也是这样瞬间倒塌的，我是降臣，是一个不合格的丈夫。

很多很多年之后，秦淮河畔还在流传着我当日迎娶寇白门的场景，五十名士兵掌灯，黑夜如斯，成千上万的女子仍旧在艳羡和津津乐道着这一切，没有人知道那只是我的一场阴谋，我只是为了满足我自己的虚荣心，我不知道有多少人在知道了这个事情原委的时候，会瞬间心死，还是给她们留下个念想吧。

后来我常常对我的孙子说，爱一个人就要用尽全力，不要朝三暮四，有时候一些话一说出便再也无法收回。

再后来我越来越老，老得掉光了牙齿，头发和胡须变得越来越斑白，记性也是越来越差，可是我的脑海中隐约的还是会记得一个女子的笑容，是那样的明媚与清远，好像深谷中的幽兰一般，我时常能看到她对着我微笑，柔情似水，佳期如梦。又似那一日，唢呐声震耳欲聋，春深似海，我悄悄地在白门的耳边说，“湄儿，这世间所有的一切，我只要你。”然后便是百转千回的幸福，梦，这终究也只是一个梦罢了，只是这梦境，是如此的清晰。

林花谢了春红太匆匆。

这便是我百转千回的一生。

第三节　宋子谦——我自是年少，韶华倾负

盛夏的光景是如此的漫长，夜风中也夹杂着些微微的暑热，我刚刚参加完一个晚宴，满嘴的酒气，思维也有些不清晰，我的脑袋枕着软枕，在酒精的作用下，迷蒙间脑海中浮现出一个女子的面貌来。

我叫宋子谦，曾经也是个风度翩翩的少年。只是光阴这种东西，常常会不跟你打声招呼就悄悄地溜走，让你从一个青葱的少年变成一个胡须斑白的老先生。

我的父亲是一名商人，我的家族是江南有名的绸缎世家，家境的优越感让我的身上沾满了公子哥的习气，我的母亲死后，父亲又娶了一个女子到我家里来，她年长不了我几岁，却时常以夫人的身份来教导我，这让我觉得很不舒服。父亲很宠爱她，我甚至觉得父亲对她的爱超过了对我的爱，正是青春年少时期的我，变得愈发的桀骜不驯了。

我时常跟她顶嘴吵架，每次一有争端，她便大哭着去找父亲来裁决，仲裁的结果便是我的错，我常常一言不发，家里越来越压抑的气氛让我无法喘息。没多久，她怀了父亲的孩子，更加目中无人，常常寻衅滋事，家里被她搞得没有一丝宁日，父亲老来得子，自然是分外的疼爱，终于在一次大爆发中，我动手打了她一巴掌。

这对正在势头上的她来说，无疑是不能容忍的，她大闹了三天三夜，我像是一个被逼急了的野兽一般失去了控制，父亲对于我和她之间的争端也是毫无他法，最终想了一个两全其美的办法，说是派我去游学一年，一方面减少了我和她见面争端的次数，保证了她孩子的顺利生产，另一方面，也可以让我继续完成我的学业。

对我来说，这是一个充满十足诱惑的条件，从小到大的二十年里，我从未出过远门，我知道外面对我来说是无穷无尽的自由，我再也无法忍受她那张尖酸刻薄的脸，“她”，我是用惯了这样的称呼，我甚至不愿意提及她的姓名与称谓。

与其说是游学的一年，不如说是游玩的一年，我像是一个被放逐出来的野兽一般，带着我的书童尽情地享乐，我不知道，原来这个世界是如此的美好。南京的金陵久负盛名，是个不可多得的好地方，而秦淮河畔更是美女如云的地方。一到秦淮河畔，我便听到了各式各样女子的传说，而被传得最有感染力的则是侠女寇白门，她正居住在秦淮河畔的倚月楼上。

我费了很大的力气终于见到了她，都说她是个奇女子，我眼前见到的确实是一个美人儿，三十有余的年纪，细致乌黑的长发，常常披于双肩之上，略显柔美，只是眼神中有些微微的倦怠与疲惫，眼角上不经意间也会发现一些微微的细纹，我一眼便看出了她是一个有故事的女人。

只是她的语气与表情是那样的平淡如水，她对我不冷不淡，不温不火的态度让我有些懊恼，秦淮河畔的妙龄少女比肩继踵，而她这样一个老女人，却对我爱答不理，这让我的自尊心大受伤害。我不爱她，也不喜欢她，我只是想占有她，满足我自己一时的虚荣感，这是我最初接近她的目的。

虽然离开了父亲，可我还是不缺银两，父亲每月给我的费用足以让我过奢靡的生活，我知道，父亲是在用钱来弥补他内心对我的愧疚之感，我什么也不说，每月理所当然的欣然接受，然后挥金如土，继续过我自由而奢靡的生活。

我知道寇白门素爱杏花，便把倚月楼的方圆十里都摆满了杏花，只为博得姑娘一笑，哪怕我二十岁，她三十岁，我日日去倚月楼陪她对弈作诗，给她讲我曾经经历过的那些趣事，她也会给我讲些她曾经的故事，不过也只是浅尝辄止，我对她有一种对母亲般深深敬畏之感，这让我不敢造次，却也没有爱情的感觉。

二十岁我是爱过的，我爱的女子叫玲珑，是我青梅竹马一起长大的人儿，

我觉得玲珑是我见过的最美好的女子，她的身体她的味道所有的一切都让我觉得迷恋，我爱她他爱我，两家父母甚至为我们定下了誓约，待我们长大了便成婚，这是一个多么美好的梦境，可是就在玲珑十五岁的那一年，有一次为了捡一个落水的风筝，不小心坠入湖中溺水而死，十五岁的玲珑是那样的美好，那样的年轻，我看着她年轻而美好的身体，大哭不止，本是美好的姻缘却因为生死而变得阴阳两隔，我轻轻地吻了玲珑长长的眼睫毛，永别了，我深爱的女子。

从此之后，我变得有些郁郁寡欢，我努力地想去爱上其他的女子，可是我发现这很困难，哪怕在面对秦淮河畔的奇女子寇白门时，我仍旧感觉不到自己冲动的心跳，有的也只是无尽的欲望。

终于，寇白门对我不再不理不睬，她开始对我微笑，记忆的阀门像是被打开了一般，絮絮叨叨的跟我讲起来。那一日，寇白门的贴身小丫鬟来找我，说寇小姐有些事情要对我说，我收拾了一番，便来到了倚月楼，当我看着生病了的寇白门时，一下子惊呆了。她脸上一丝的脂粉也未施，脸上的细纹丛生，不经意间还能看见鬓角处微微露出的几根白发，她一看到我便拉着我的手，悲泣绸缪，嘤嘤絮语，她的嘴角边不时的散发着一种死亡气息，让我觉得恐惧，她就那样一直死死地拽着我的手，要我留下来陪她。看着她卧床不起、手腕上的层层又干又皱的皮肤、那枯草一般缺乏生命力的乱发，我的心里不知道为什么竟生出了一丝厌恶之感。我用力地甩开了她的手，是那样的无情无义，完全不顾及病中的她，我知道我这样是残忍的，可是我无法抗拒自己的心。

我快步走开，慌乱中在门外撞到了她的贴身婢女，女子一下子撞在我的怀里，是那样的娇弱与无力，我低下头四目相对，看到了女子那双秋波流转的眼睛，在暗沉的灯光下散发出少女特有的魅力，恍惚间我仿佛是看到了玲珑，那双碧波秋水的双眸让我很是怜爱，我抱着的手竟然未曾松开，而是抱得更加用力了，女子忽闪着长长的睫毛，脸上带着少女特有的绯红与乳香气，我瞬间不能自已。

她并未挣脱，而是拉着我向寇白门隔壁的房间走去，她的脸是那样的好看，我鬼使神差的跟随着，当我如痴如醉的欣赏着女子娟秀的脸颊时，却在不经意间看到了寇白门那双愤怒的眼睛，我的脑袋瞬间清醒了很多，我仓皇而逃。

这便是我最后一次见到寇白门，我时常会想起她的那双眼睛，空洞无神还带着些死亡气息，就那样直勾勾地盯着我，每次想起来我都会冷汗不止，没多久之后，我便听说她死了。

我生了一场大病后，身体刚刚康复，便回到了家乡，此时的她继母早已为父亲生下了一个女儿，肉肉的样子还算可爱，没多久，我娶了一个十五岁的女子，跟曾经的玲珑一般大小。

后来我也有了自己的孩子，可是我发现我对少女的爱永远是那样的纯真，我只有面对十几岁的女孩子时，才会变得特别的平静，就像玲珑在我的身边一样。后来，我又娶了很多很多的姬妾，她们嫁与我的时候都是刚刚十五岁，这像是一个不可逆转的宿命一般，我无法抗拒却也不想抗拒。

那一日我在河边陪五岁的女儿放风筝，那涓涓的河水似乎是在向我诉说着什么，那蓝色的纸鸢在天空中打了一个转便落入了湖水中，女儿大哭不止，我踮着脚尖为女儿捡风筝，却一不小心整个脚踩空，冰冷的河水漫过我的鼻孔，我努力地挣扎着，我仿佛看见了一个女子，十几岁的样子，微微地向我颔首召唤，那模样像极了玲珑，我在微笑间似乎是找到了归宿，心竟然平和起来。不一会儿，那双愤怒惊恐的脸又出现在我的脑海中，像是有一只有力的手紧紧地掐着我的脖子，让我无法呼吸，直到我渐渐地失去了意识，一边是玲珑，一边是寇白门。

岸边上女儿哭喊的声音变得越来越小，对不起，女儿，父亲再也不能照顾你陪你放风筝了。湖面上一阵清风飘来，湖水轻轻地拍打着岸边，我被吞没的湖水中。

“两情若是久长时，又岂在朝朝暮暮”，玲珑，我来陪伴你了，以后再也不用担心你一个人害怕黑暗，在哭泣的时候没有人陪伴了。

我这一生繁华如梦，我唯一铭记于心的便是当年的玲珑，美若桃花，在桃树下与我追逐嬉戏的模样，轻声地唤着“子谦”，那是我能铭记的最美画面，这便是我的一生。

附录一 关于寇白门的诗词赏析

短衣风雪

寇白门

歌尽天涯诗者舞，寒江冷月赴金陵。
君恩一念婚衣重，短衣风雪绛夜灯。

红泪衣，寇媚装。武定桥，侠士芳。
五千灯，月华扬。侯门梦，语夕阳。

细马驮来纱罩眼，鲈鱼时节到长干。
梅村细诉柔肠气，侠女风尘寇媚冠。

披月衣，长河梦。兴亡思，箫笛送。
千席散，万杯空。世间事，不语中。

散尽千金唯一诺，扶危仗义女钗裙。
声名如絮何堪恋，余韵媚楼目暮云。

赏析：崇祯十五年，保国公朱国弼于金陵隆重迎娶寇白门。乙酉事变，朱国弼降清，旋即羁押京师。朱氏欲将歌姬婢女一起卖掉，白门对朱云："卖

妾所得不过数百金，若使妾南归，一月之间当得万金以报公。”朱允之，于是白门“匹马短衣，从一婢而归。”寇氏在旧院姐妹帮助下筹集两万银子将朱国弼赎释。此时朱氏想重圆旧梦，但被白门严辞拒绝，谓：“当年你用银子赎我脱籍，如今我也用银子将你赎回。”

这首诗用比兴的手法，将寇白门一身短衣重返金陵的侠气写得淋漓尽致。闭上眼睛，眼前仿佛呈现出一幅完美的画面，大雪纷飞的时节，一个女子骑着一匹白马，穿着一袭红衣，后面跟着一个丫鬟，既飘逸又豪迈。这是怎样一幅完美的画面？如果拍成是一部电影，想来是可以用作电影海报的。

赠寇白门六首

吴伟业

白门，故保国朱公所蓄姬也。保国北行，白门被放，仍返南中。秦淮相遇，殊有沦落之感。

（一）

南内无人吹洞箫，莫愁湖畔马蹄骄。
殿前伐尽灵和柳，谁与萧娘斗舞腰？

（二）

朱公转徙致千金，一舸西施计自深。
今日只因句践死，难将红粉结同心。

（三）

同时姊妹入奚官，掆酒黄羊去住难。
细马驮来纱罩眼，鲈鱼时节到长干。

（四）

重点卢家薄薄妆，夜深羞过大功坊。
中山内宴香车入，宝髻云鬟列几行。

（五）

曾见通侯退直迟，县官今日选蛾眉。
窈娘何处雷塘火，漂泊杨家有雪儿。

（六）

旧宫门外落花飞，侠少同游并马归。
此地故人驺唱入，沉香火暖护朝衣。

解析：吴伟业(1609~1672)明末清初诗人。字骏公，号梅村。先世居昆山，祖父始迁太仓(今皆属江苏)。少时"笃好《史》、《汉》，为文不趋俗"(《镇洋县志》)，受张溥赏识，收为学生。崇祯四年(1631)中进士，授翰林编修，后任东宫讲读官、南京国子监司业等职。南明福王时，拜少詹事，因与马士英、阮大铖不合，仅任职两月便辞官归里。清朝顺治十年(1653)，被迫赴京出仕。初授秘书院侍讲，后升国子监祭酒。三年后奔母丧南归，从此隐居故里直至去世。吴伟业生活在明清易代之际，仇视农民起义军，对清统治者也无好感。他屈节仕清，一直认为是"误尽平生"的憾事，在诗文中多有表露。

这首《赠寇白门六首》是"梅村体"的代表作，"梅村体"得名于明末清初诗人吴伟业（号梅村）。他的诗歌中的悲剧内容主要表现在一方面自我关照，徘徊于灵与肉之际，铭心刻骨地忏悔自我的灵魂；另一方面规抚江山易代，绵绵不尽地吟唱着叹惋明王朝衰败的时代悲歌。前者带有强烈的抒情意味，后者则具有诗史的特点而被称为"梅村体"诗史。

只要粗略阅读这些作品，即可明显感受到吴梅村在创作时将展现悲剧

场景的方式粘着于以人系事的手法上，而对场景的裁取却显示出独到的匠心，具有典型性的场面伴随着个人遭际浮现在读者面前，读者在个别人的具有原生态的真实事迹中，能够窥见历史普遍的真实。“史主于纪大而略小”，“诗主于阐幽探赜” 。吴梅村诗中通过对个体命运的描述，既能补史之阙，又可以小见大，在个体抒情外，追索某种特殊事件在历史中反映的意义，这是吴诗总的特点。其中战争悲剧诗与政治悲剧诗通常采用在历史的铺叙中凸现人物的悲剧性命运的手法，而在宫廷悲剧诗、艺人平民悲剧诗中借诗中人物的遭际命运来寓历史的幽思。前者诗人在创作时侧重于历史事件的记述，史家的褒贬手法分明；后者着重于诗中人物的叹惋，诗歌的抒情性特征更浓些。尽管诗人对不同题材，运用的手法各有侧重，但以诗史思维方式把握对象，凭借时代机遇的予赠，这也不能不说是诗史异质同源的一种文化遇合。秉承史家“以人记事”的传统，而又能自然而然地与诗美艺术的“以个别寓普遍”的要求相结合，正所谓“诗人慧眼，善于取题处”，这也不能不说是诗史异质同源的一种文化遇合。

这六首就是以寇白门为中心，从见证者的角度，叙述南明福王小朝廷的衰败覆灭，如《听女道士卞玉京弹琴歌》、《临淮老妓行》、《楚两生行》等。最后还有一种以平民百姓为中心，揭露清初统治者横征暴敛的恶政和下层民众的痛苦，类似杜甫的“三吏”、“三别”，如《捉船行》、《芦洲行》、《马草行》、《直溪吏》和《遇南厢园叟感赋》等。此外还有一些感愤国事，长歌当哭的作品，如《鸳湖曲》、《后东皋草堂歌》、《悲歌赠吴季子》等，几乎可备一代史实。他在《梅村诗话》中评自己写《临江参军》一诗：“余与机部（杨廷麟）相知最深，于其为参军周旋最久，故于诗最真，论其事最当，即谓之诗史可勿愧。”这种以“诗史”自勉的精神，使他放开眼界，“指事传词，兴亡具备”，在形象地反映社会历史的真实上取得的突出成绩，高过同时代的其他诗人。

偕张苍水李屺瞻饮寇白门斋头有赠

方文

旧人犹有白门在，灯下相逢欲断肠。
一到南中便问君，知君避俗远尘氛。
此番不见幽人去，惭愧秋江与暮云。
张生图晤甚艰难，此夕相期分外欢。
只当论诗良友宅，不应概作女郎看。

赏析：这首诗充分显示出了寇白门的“女侠”本色。本来，她嫁给朱国弼后，生活并不如意。朱国弼只把她当成玩弄对象，毫无真情与尊重可言，玩腻之后立即抛诸脑后。而后又有心将她买出换钱，二人之间可说早已恩断义绝。就算她真的一走了之，撒手不管，也无可厚非：你堂堂保国公，保护不了自己的姬妾，有何颜面叫一个弱女子对你负责？你身为大明宗室重臣，屈膝投降异族，社稷君恩民族大义一概抛诸脑后，又有何资格要求别人对你讲道论义？在国破家亡的情形下，多少须眉男子弃忠孝仁义如鸿毛，有谁还能对一个无名无分的青楼女子指责什么？

但寇白门的品格也就体现在这儿：尽管乱世当前，尽管你对我绝情，我却不能对你不义。她只带一名婢女，身佩弓箭，短衣匹马，千里南下，从北京回到秦淮河畔，历尽艰辛筹得白银二万两，而后恪守诺言，将朱国弼赎回南京。世人因慨其行曰：“想当时有黄金作屋，伊谁堪并，而今省马上弓弯，幸踏南归镫。”寇白门以其赎朱国弼之义举赢得了江南人的尊重，遂有“侠女”之称。

寇白门

钱谦益

寇家姊妹总芳菲，十八年来花信迷，
今日秦淮恐相值，防他红泪一沾衣。
丛残红粉念君恩，女侠谁知寇白门？
黄土盖棺心未死，香丸一缕是芳魂。

赏析：这是钱谦益悼念秦淮八艳之一寇白门的一首诗，这首诗描写了寇白门淡淡的一生。寇白门出生于娼妓世家，又名寇湄，十几岁时便已是秦淮河畔有名的花魁，她生活在明末战乱时期，此时已是国破山河，她忧国忧民，侠骨柔情，善与豪杰相交。保国公朱国弼三访倚月楼，欲寻寇白门为妾，却遭白门婉拒。朱公贤侄韩生为抗清名将史可法的参军，扬州沦陷，史可法兵败，韩生欲寻朱公抗清，却发现朱国弼寻访章台柳间，赶至倚月楼，怒斥朱公，慷慨陈词，却被藏在屏风后的白门听到，白门不禁芳心暗许。

南明小朝廷的福王欲招白门入宫，朱公听到后先娶，白门不愿嫁与亡国之君，却又无计可施，遂找韩生商量，韩生态度冷淡，白门一怒之下便嫁与了朱公。朱公为了表达诚意，花二百万两为其赎身，又命五千将士掌灯，通明之夜迎娶白门。福王欲抢亲，此时清兵向京都攻来，福王遂逃。

白门嫁与朱公后几个月，朱公本性便显露，将白门弃之不顾，继续寻访与章台柳间。清兵入关，朱公欲做降臣，为了苟且活命，在一个大雨滂沱之夜跪地迎接清兵，白门心如死灰。可朱公并未得到重用，作为前朝的遗老遗少，朱公深陷囹圄，寇白门生死相随，朱公却不领情，白门唱小曲欲讨朱公的欢心，却惹恼朱公，怒摔琵琶，白门心灰意冷。

为赎身，朱公欲卖掉姬妾，朱家乱成一团，白门与朱公谈判，让他放其回秦淮畔，朱公允。回到秦淮，白门为了筹款重回觥筹交错间，加上姐们的资助，终于筹得二百万两黄金，遂赎回朱公。朱公欲重修旧好，白门与之恩断义绝，重返秦淮畔。

再遇韩生，寇白门不禁芳心浮动，不料却得知韩生是为了多铎来找寻自己而难过不已。老友于震心说十五之夜帮助白门逃跑，以免其入虎口。十五之夜，白门拒绝，却被多铎的清兵包围，厅堂之上，多铎介绍了大功臣，此人正是白门朝思暮想的韩生。白门柔肠寸断，却不卑不亢。

白门央求为韩生剃发，多铎允。面对昔日的爱人，白门泪如雨下，韩生吓得战战兢兢，生怕被白门杀害。白门扔下剃发刀怒走，多铎念其侠义肝胆，放其回秦淮畔。此时白门已三十有余，年老色衰，仍每天与少年来往。她筑园亭，结宾客，每日与文人骚客相往来，酒喝多时，她或歌或哭，自叹美人之迟暮，感慨红豆之飘零，总是醉生梦死，无日无之。她也想过要振作，还一度嫁给了扬州的某孝廉，可这次婚姻仍未能挽救她的世界观，到最后仍然是带着新的伤害，再度归秦淮。

这时候病魔又缠上了她。在她卧床不起的时候，呈现出最为脆弱的一面，她喊来了一个韩姓少年，她拉着说明悲泣绸缪，嘤嘤絮语，如果换成一个年轻的美女，病美人的扮相也许会有动人之处，可是，寇白门这时候已经是一个老女人，她死死拽住的手，就如蠕虫一般可怜。

寇白门到底还是看不破，希望借少年一点暖，想听他枕上发尽千般愿，仿佛如此，便能将自身的衰败委顿迁延。可是，这少年得多厚道，才能无视寇白门瘦腕上的层层鸡皮、那枯草一般缺乏生命力的乱发，而且还要忽略从她嘴里吐出的带有死亡味道的口气，装作她比旁边那亭亭玉立秋波流转的婢女更为有魅力。

她大怒，叫婢女过来，书上说她一口气抽了婢女几十鞭子。再怎么样，小丫鬟是她的人，惯性形成的权威，使这丫头也只能逆来顺受，敢怒不敢言。那之后寇白门便生了一场大病，没几日便香消玉殒，这便是寇氏的一生。

钱谦益用淡淡的手法，向我们娓娓道来，她的侠骨柔情，不禁让人感慨万千。

寇白门画像题诗

闵华

身世沉沦感不任，娥眉好是赎黄金。

牧翁断句余生记，为写青楼一片心。

百年侠骨葬空山，谁洒鹃花泪点斑。

合把芳名齐葛嫩，一为生节一为生。

赏析：葛嫩是在丈夫抗击清兵兵败被执时，有主将想侵犯她，她大骂，嚼碎舌头，含血喷其面而被那个主将杀死的贞烈女子。在反清复明情绪时时涌起的当时，寇白门以巾帼英雄的形象珍藏于广大民众心中，这首诗把寇白门比作是葛嫩，形象生动地展现出了她巾帼不让须眉的形象，可见她在后世眼中地位之高。

南乡子·寇白门

霜夜嫁阿哥，灯火秦淮十里河。

白妹浓妆藤轿彩，秋波，岩跌风流妙翠娥。

岁月戏人多，又落红尘献玉歌。

强作欢颜公子乐，求何？侠女柔情晓得么。

赏析：这首宋词把寇白门的一生写得百转千回，“霜夜嫁阿哥，灯火秦淮十里河”，描写了寇白门夜嫁朱国弼的场景，在崇祯十五年，南京城，一个春风沉醉的夜晚，五千名士兵从武定桥排到内桥国公府的门口，那些士兵每人手拎一盏大红纱灯，那红影影的光，既温柔又朦胧、深邃，而且微微地颤动，如我们所能想到的幸福。国公爷朱国弼要迎娶秦淮名妓寇白门，虽然妓女从良，只能是夜间，但朱国公却用这繁星般的灯火，照亮了寇白门开始新生活的路。

“岁月戏人多，又落红尘献玉歌”这两句写了寇白门重返秦淮河畔，为朱公筹集赎金的情景。寇白门匹马短衣，携一丫鬟南归。我想像她应该穿一袭红衣，因为这个形象既豪迈又飘逸，假如拍成电影，是可以截下来做海报的。更神奇的是，她竟然真的弄到了两万两银子。朱国弼好像突然发现了一棵摇钱树，又或许是被寇白门的手段所折服，竟然提出要跟她重修旧好。寇白门一口拒绝，本来嘛，朱国弼已经这么倒霉了，居然还想财色兼得？这种想法，未免有点自不量力。

“强作欢颜公子乐，求何？侠女柔情晓得么”，寇白门的一生，尤其是生命的晚期，可以说是一个豪放的女侠。她筑园亭，结宾客，每日与文人骚客相往来，酒喝多时，她或歌或哭，自叹美人之迟暮，感慨红豆之飘零，总之是醉生梦死，无日无之。

寇白门（寇白门与朱国弼）

红颜惯少同林鸟，乱世尤多落难人。

向感深恩脱卿籍，今纾危境赎君身。

芳心非是硬如铁，慧眼皆因看太真。

不畏南归对迟暮，秦淮河畔任沉沦。

赏析：这是一首描写寇白门与朱国弼的诗，将两人的感情纠葛表现得淋漓尽致，寇白门又名寇湄，金陵人，生于世娼之家。娟娟静美，能度曲，善画兰，相知拈韵，能吟诗，然滑易不能竟学，正是由于白门为人单纯不圆滑，而决定了她在婚恋上的悲剧。寇白门 17 岁嫁与保国公朱国弼。1645 年清兵南下。朱国弼投降了清朝，被清廷软禁。朱氏欲将连寇白门在内的歌姬婢女一起卖掉。白门对朱云："若卖妾所得不过数百金……若使妾南归，一月之间当得万金以报公。"朱思忖后遂答允，寇白门短衣匹马带着婢女斗儿归返金陵。寇氏在旧院姊妹帮助下筹集了两万银子将朱国弼赎释。这时朱氏想重圆好梦，但被寇氏拒绝，她说："当年你用银子赎我脱籍，如今我也用银子将你赎回"当可了结。寇氏归金陵，人称之"女侠"，后又嫁扬州某孝廉，不得意复还金陵，最后流落乐籍病死，寇白门注定是一个侠骨柔情的奇女子。

寇白门

白门婚灯耀千军，红泪沾衣断朱君；
园亭酒乐宾骚客，香丸迟幕缕芳魂。

诗词赏析：这又是一首描写寇白门一生的诗，在秦淮八艳中每个女子都有不俗的传说，寇湄的传说最动人。

她是八艳中年龄最小的女子，她的出嫁、离婚，再出嫁，再离婚，每次都是轰动性的新闻事件。无辜受到伤害，带回一颗伤痕累累的心，无奈几度重操旧业，她最终把一生的职业和归宿定位为青楼风尘中，

她不想做妓女，也不想做弃妇，她只想做一个幸福的普普通通的女子，但是命运作弄人，却不给她这个机会。从妓女到弃妇，从弃妇到妓女，来来回回反反复复折腾，把她折磨得心力交瘁。

秦淮八艳中，每个女子都有自己吸引人的特点，论琴棋诗画寇湄不是最好的，可是模样却是最标致的。说这话是有有力证据的。证据之一，寇湄的同行姐妹柳如是的老公钱谦益同志曾经用"今日秦淮总相值"赞寇湄的美丽，老钱同志是美女爱好者，长年在秦淮青楼猎艳，他如果说谁最漂亮，还是有说服力的。证据之二，清朝初年有个名叫余怀的文学家，称赞过寇湄的美丽："风姿绰约，容貌冶艳"， 余怀和寇湄是同时代的人，一般古代文

人墨客都爱到妓院和美女们切磋，不排除余怀和寇湄有客户关系的可能，所以，余大作家的话还是可信的。

从清代画家吴宏的《寇湄像》看秦淮绝代名妓寇湄，没觉出有多美丽，《板桥杂记》说她“娟娟静美，跌宕风流”。我们从画面上看出了静，却找不到今天人们认知的那种美。或是人们的审美变了，或是画家的审美不同了。然而相信这样一个大家一致公认的美女，活在今天依然是美女，古今审美取向再不同，最起码的标准不会有太大变化。

附录二　寇白门大事纪年表

天启四年（1624 年），寇白门出生于秦淮河畔的娼妓世家。

崇祯十四年（1641 年），保国公朱国弼五千将士掌灯，迎娶寇白门。

弘光元年（1645 年），南明小朝廷建立，朱国弼拥立福王有功，一时间很有些开国元勋的神气。

顺治二年（1645 年），清兵南下，朱国弼投降了清朝，寇白门心如死灰。

顺治三年（1646 年），寇白门短衣重返秦淮河，筹集白银两万两，赎出保国公，两人恩断义绝。

顺治六年（1649 年），寇白门嫁与扬州某孝廉。

顺治十一年（1654 年），寇白门卒于秦淮河畔。